# 新时代乡村绿色发展道路的探索与实践

刘慧扬　著

东北大学出版社

·沈　阳·

ⓒ 刘慧扬 2024

**图书在版编目（CIP）数据**

新时代乡村绿色发展道路的探索与实践 / 刘慧扬著.
沈阳：东北大学出版社，2024.12. -- ISBN 978-7
-5517-3720-3

Ⅰ. F323

中国国家版本馆 CIP 数据核字第 2025E5V830 号

---

出 版 者：东北大学出版社
　　　　　地址：沈阳市和平区文化路三号巷11号
　　　　　邮编：110819
　　　　　电话：024-83683655（总编室）
　　　　　　　　024-83687331（营销部）
　　　　　网址：http://press.neu.edu.cn
印 刷 者：辽宁一诺广告印务有限公司
发 行 者：东北大学出版社
幅面尺寸：170 mm × 240 mm
印　　张：9
字　　数：156千字
出版时间：2024年12月第1版
印刷时间：2025年1月第1次印刷
策划编辑：牛连功
责任编辑：高艳君
责任校对：周　朦
封面设计：潘正一
责任出版：初　茗

---

ISBN 978-7-5517-3720-3　　　　　　　　　定价：48.00元

# 前言

乡村兴则国家兴，乡村衰则国家衰。我国是人口大国，也是农业大国，在我国经济社会发展中，农业长期占据基础地位。中国特色社会主义进入新时代，我国社会主要矛盾已经转化为人民日益增长的美好生活需要和不平衡不充分的发展之间的矛盾。城乡发展不平衡、农村发展不充分成为新时代我国社会主要矛盾的突出表现之一。对此，党的十九大报告明确提出实施乡村振兴战略，并在2017年召开的中央农村工作会议中，对实施乡村振兴战略的重点任务作出具体部署，会议强调：走中国特色社会主义乡村振兴道路，必须坚持人与自然和谐共生，走乡村绿色发展之路。党和国家历来注重乡村的发展，进入新时代以来，我国乡村的发展取得了显著的成效，农民的生活质量和收入水平有了显著提高、村容村貌发生了明显改善、农业生产能力明显增强等。但不可忽视的是，在乡村发展的过程中，仍然存在乡村资源浪费、环境污染、农民环境意识薄弱等问题，导致人与自然关系严重失衡，制约着乡村的可持续发展。推进乡村绿色发展既是破解新时代"三农"问题的重要抓手，也是新时代实施乡村振兴战略的题中之义，更是实现中国式现代化的必然要求。基于此背景，笔者认为，对我国新时代乡村绿色发展的实践路径探索进行研究十分必要。

乡村振兴战略自提出以来备受学术界关注，相关学术成果日益丰富，但就目前的研究成果来看，主要研究方向是乡村振兴战略内涵的解读研究、战略提出的时代背景研究、战略提出的意义研究以及战略实施的建议研究等，对于乡村绿色发展道路的研究相对较少。本书立足于我国已进入新时代发展期的时代背景，针对我国乡村绿色发展的现状，重点剖析乡村绿色发展问题，针对面临的问题提出相关可行性的对策建议，在丰富和深化乡村绿色发展道路相关理论思想的同时，为乡村绿色发展的推进和研究提供有效帮助和借鉴。

长期以来，笔者对乡村治理进行了大量的调研，且所学知识与乡村发展密切相关，因此，对当前我国的乡村治理、乡村振兴战略以及乡村绿色发展等相关知识具有浓厚兴趣和一定储备。近年来，我国乡村绿色发展虽取得可喜成就，但仍存在不少问题，需要全面系统地总结分析，笔者有基础更有信心对此进行深入研究与学习，并且希望本书能够为我国乡村基层治理提供借鉴，为相关部门推进乡村绿色发展及实施乡村振兴战略提供决策参考，为丰富相关学术研究贡献一份绵薄之力。

本书为 2023 年度辽宁省科学事业公益研究基金（软科学研究计划）资助项目（项目编号：2023JH4/10300037）的阶段性成果。

本书以新时代乡村全面振兴为背景，以乡村绿色发展现状为研究对象。本书的前四章对乡村绿色发展道路的相关概念进行梳理和界定，对乡村绿色发展道路提出的依据、理论渊源及重要意义进行挖掘和阐述；第五章以相关概念和理论基础为逻辑起点，从生态、生产、生活的角度出发，探析当前我国乡村绿色发展道路中取得的成绩和存在的困境；第六章至第十一章以实施乡村振兴战略的五大振兴目标为分析视角，从组织、人才、产业、技术、文化、制度六个方面探讨如何破解当前我国乡村绿色发展道路推进中的困境，探索我国新时代乡村绿色发展道路。

刘慧扬

2024 年 11 月 15 日

# 目录
CONTENTS

# 第一章　乡村绿色发展道路的内涵外延

乡村振兴是实现农业农村现代化的重要战略部署，这一时代命题不仅关乎亿万农民的福祉，更是中国式现代化的必然要求，没有农业农村的现代化，就没有整个国家的现代化。乡村振兴不仅是农村经济的复苏与提升，更是乡村社会、文化、生态等多维度的全面振兴。在党的十九大报告中，习近平总书记紧抓城乡发展不平衡、农村发展不充分的问题提出实施乡村振兴战略。2017年，习近平总书记在中央农村工作会议上的讲话中对党的十九大提出的乡村振兴战略进行全面部署，提出了实施乡村振兴战略要走中国特色社会主义乡村振兴道路，为实现农业农村现代化指明了方向，用"七条道路"明确了实施乡村振兴战略的目标路径，其中，坚持人与自然和谐共生，走乡村绿色发展之路便是"七条道路"之一。2019年，农业农村部办公厅制定的《2019年农业农村绿色发展工作要点》明确提出要"努力提升农业农村绿色发展水平，充分发挥绿色发展对乡村振兴的引领作用"。2022年中央一号文件（《中共中央　国务院关于做好2022年全面推进乡村振兴重点工作的意见》）再次明确了推进农业农村绿色发展的重点任务，农业与农村绿色发展应作为整体统筹推进。由此可见，乡村绿色发展之路是乡村振兴的必然要求，乡村振兴必须以绿色发展理念为引领。"走绿色发展道路"也是实现乡村振兴、建设社会主义生态文明的必由之路。故此，结合党中央重要文件精神和习近平总书记的重要论述，本书以乡村生产、生活、生态现状作为研究对象，将国家乡村发展需要与具体研究领域相结合，开展我国乡村绿色发展道路研究。

# 一、绿色发展

## （一）绿色发展的概念

"绿色"一词在《现代汉语词典》（第7版）中有两层含义：一是绿的颜色；二是指符合环保要求，无公害、无污染的。绿色是大自然的底色，在中国传统文化中，绿色象征着生命，寓意生机勃勃；绿色有准许行动之意，代表着可行可做；绿色代表着希望、繁荣、可行、环保等。发展是指事物的不断运动、变化，是事物由小到大、由简单到复杂、由低级到高级的不断变化过程，它不是同一事物简单重复性变化，而是新事物的产生、旧事物的消亡，是事物动态的不断前进、上升的趋势。我国很多学者都对绿色发展进行了阐述。胡鞍钢认为，绿色发展是推动自然系统、经济系统、社会系统三大系统实现"天人互益"的良性循环。[1] 赵建军认为，绿色发展是建立在生态环境容量和资源承载力的约束条件下，将环境保护作为实现可持续发展重要支柱的一种新型发展模式。[2] 由此可见，关于绿色发展，不同的学者有不同的理解。党的十九大报告也对"绿色发展"进行了阐述，提出："推进绿色发展。加快建立绿色生产和消费的法律制度和政策导向，建立健全绿色低碳循环发展的经济体系。"本书绿色发展的概念选取了专家学者提出的与党的十九大报告中对绿色发展的阐述最接近的概念，即绿色发展指的是在自然资源和生态环境可承受的范围内，以和谐、绿色、可持续为发展目标，实现经济发展、自然资源、生态环境三者之间的协调、可持续发展，最终实现人与自然和谐相处。

绿色发展包含经济发展、生态环境、民生福祉三个方面：经济发展方面，要求一切经济活动都要建立在自然资源可承受的范围内和保护生态环境基础之上，防止资源过度浪费和环境污染；生态环境方面，要求通过保护环境来保护生产力，改善生态发展生产力，将生态优势逐渐转变为经济优势；民生福祉方面，强调良好的生态环境是最普惠的民生福祉 [3]113 普惠民生福祉不仅要有物质方面的保障，更要有生态环境的保障，要坚持发展为民、生态惠民。习近平总书记多次强调"要坚持在发展中保护、在保护中发展，实现经济社会发展与人口、资源、环境相协调"[3]114，绿色发展是针对传统的

"高消耗、高污染"的经济发展模式提出的一种高效可持续的新发展模式，旨在通过变革生产模式、消费模式、生活模式等方式来解决经济发展中的资源浪费和生态环境问题，绿色发展对于我国经济社会发展全局以及国家现代化建设具有重要作用。

### （二）绿色发展的提出

绿色发展是新发展理念的重要组成部分，其核心是人与自然的关系。绿色发展理念的历史演变是围绕人与自然的关系展开的。在原始社会，人们敬畏自然，崇拜自然力量。在农业社会，人们顺应自然，基本上靠天吃饭。进入工业社会以后，人们开始掌握科学技术并利用科学技术征服自然，与此同时也激化了人与自然的矛盾。

恩格斯在1886年就已指出，"我们不要过分陶醉于我们人类对自然界的胜利。对于每一次这样的胜利，自然界都对我们进行报复"[4]。但这一观点始终没有得到人类社会足够的重视。直到20世纪60年代，美国学者卡逊在《寂静的春天》中指出了农药对生态的危害以后，才逐渐引起了人们的注意。1987年，联合国世界环境与发展委员会通过了《我们共同的未来》，在这一关于人类未来的报告中正式提出了可持续发展的概念。1989年，绿色发展这一概念在英国经济学家大卫·皮尔斯的著作《绿色经济的蓝图》中被首次提出，力图追求一种"可承受的经济模式"。1992年，联合国环境与发展会议通过的《21世纪议程》进一步深化了人们对可持续发展的认识。

当前，我国生态文明建设被提到了前所未有的高度。2007年，党的十七大报告提出了建设生态文明的要求。2012年，党的十八大报告进一步提出，建设生态文明是关系人民福祉、关乎民族未来的长远大计，必须树立尊重自然、顺应自然、保护自然的生态文明理念，并形成了经济建设、政治建设、文化建设、社会建设、生态文明建设"五位一体"总体布局思想。2015年，党的十八届五中全会又提出了创新、协调、绿色、开放、共享的新发展理念。《中共中央关于制定国民经济和社会发展第十三个五年规划的建议》提出，坚持绿色惠民，为人民提供更多优质生态产品，推动形成绿色发展方式和生活方式。党的十八大以来，习近平总书记在多个场合提到绿色发展理念，多次强调"生态兴则文明兴，生态衰则文明衰""保护生态环境就是保护生产力，改善生态环境就是发展生产力""我们既要绿水青山，也要金山银山。宁要绿水青山，不要金山银山，而且绿水青山就是金山银山"。习近平总书记用通俗易懂的语言阐明了中国特色社会主义生态文明建设的原则和目标，深化了绿色发展的理论内涵。绿色发展是传统发展模式的创新，是全球发展趋势，也是我国实现可持续发展的重要战略。

## 二、乡村绿色发展

乡村是从事农业生产的人群所组成的空间单元，主要指城市以外具有自然、社会、经济特征和生产、生活、生态、文化等多重功能的地域综合体，其中包括乡镇和村庄等。乡村本身就蕴含着深刻的可持续发展生态理念，其所具有的天然优势意味着它能够脱离城市而实现自给自足。从理论上来说，乡村是最优先实现或者说它本来就是"绿色"的空间。然而，原有村落的地域性特征正遭受普遍性文明的侵袭，乡村被看作城市文明的附属品，理所当然地成为城市资源供给地和废弃物消化之所，而当农民从"生存理性"过渡到"经济理性"的"巨变"发生时，村落终结随之而来[5]，乡村早已被卷入高速城镇化发展的进程中，与城市的边界也逐渐模糊，从而产生了"城中村"这种独特的事物，农村发展正经历"资源的耗竭"和"文化的丧失"。[6]如何在恢复和保护"绿色"空间优势的同时实现经济发展是乡村发展过程中面临的难题。绿色发展的提出正是人类基于对人与自然关系认知的转变，追求人与自然和谐相处，包含生产、生活和生态多元发展目标，强调的是可持续发展，是符合全球发展要求的一种创新理念和发展模式。随着乡村绿色发展的提出，国内外对于绿色发展的科学内涵开展了广泛探讨，为绿色发展理念在农村的延伸和实践提供了理论支撑。

马克思主义绿色发展观是绿色发展的思想理论根基，它驳斥了环境与发展相对立的观点，以辩证的思维看待人与自然环境之间的关系，要求合理把握人、自然、社会之间的关系界限。既要求从历史的角度看待环境问题产生的原因，将环境责任区分为历史责任和现实责任，又要求着眼于未来的可持续发展去探寻生态环境问题的解决路径。"两山"理论深刻阐释了保护生态环境与发展生产力之间的辩证统一关系，是马克思主义相关理论在中国的具体化和发展[7]，为走中国特色的绿色发展道路奠定了理论基础。由此可知，绿色发展理念同时融入了经济、社会和文化等因素，形成了人、自然和社会的复合系统[8]。乡村的绿色发展也将遵循绿色发展的理念和基本特征，并结合乡村自身的特殊性和时代背景推动美丽乡村建设，在增进农民福祉的同时实现城乡协调可持续发展的目标，其基本内涵可从本质、过程和结果三个层面去理解。从本质上来讲，乡村绿色发展就是在城乡融合发展的大背景下处理好农村"绿色"与"发展"的关系，协调好城市与农村要素互动的关系，是践行"两山"理论和绿色发展理念的一种创新发展方式。从过程上来说，乡村绿色发展是应对资源环境耗损、人口流失、文化丧失等危机的产物，是在综合考虑乡村生态环境容量和资源承载能力的基础上，通过转变发展理念和方式促进乡村可持续的资源和服务供给，文化传承将作为贯穿乡村绿色发展全过程的凝聚力，是一种动态调整的发展过程。从结果上来看，乡村绿色发展是实现农村生态、生产、生活和文化传承多元目标的协同共赢，在达成农村内部均衡的同时，推动绿色资本流向城市，从而提升城乡居民的共同福祉。综合来看，乡村绿色发展是指在乡村地域范围内改变传统发展理念和方式，通过污染治理、生态环境保护和产业融合等多种手段，协同推动农村产业的生态化和生态产业化发展，促进生活领域的低碳节能消费，确保农村可持续的生态产品供给和经济发展的同步，满足城乡居民对美好生活的需要，是符合新时代全面绿色转型发展和美丽乡村建设要求的动态调整过程。它既是对党的十八大提出的"五位一体"总体布局的回应，也与乡村振兴战略五大振兴目标相契合，实现生态振兴目标。

## 三、绿色发展道路

### （一）绿色发展道路的提出

我国对绿色发展道路的探索始于1990年以后。1994年，我国出台《中国21世纪议程——中国21世纪人口、环境与发展白皮书》，明确指出过去通过高消耗追求经济数量增长和"先污染后治理"的传统发展模式已不再适应当今和未来发展的要求，必须努力寻找一条人口、经济、社会、环境和资源互相协调的，既能够满足当代人的需求而又不对满足后代人需求的能力构成危害的可持续发展道路。[9]也就是说，中国不能再走建立在资源消耗、环境污染基础上的生产生活发展之路，而是要建立经济发展与生态保护协调的可持续发展道路。进入21世纪，党和政府多次强调要建立资源节约型、环境友好型社会，形成绿色生产生活方式。党的十六大报告提出中国要走一条"科技含量高、经济效益好、资源消耗低、环境污染少、人力资源优势得到充分发挥的新型工业化路子"[10]。党的十七大报告要求"基本形成节约能源资源和保护生态环境的产业结构、增长方式、消费模式"[11]。在这一系列政策文件中，党和政府始终强调要构建绿色生产方式与绿色生活方式，并以各种不同提法把生态建设放在生产建设和生活建设之前，生态优先的绿色发展道路逐渐形成。

新时代以来，以习近平同志为核心的党中央准确把握我国面临的突出矛盾，坚持以马克思主义生态观为指导，积极总结历届党中央关于绿色发展道路研究的宝贵经验，逐渐明确了我国绿色道路的发展方向。习近平总书记多次讲道，中国要"坚持走绿色、低碳、循环、可持续发展之路"[12] 131，以及"要走绿色发展道路，让资源节约、环境友好成为主流的生产生活方式"[12] 26。2018年，习近平总书记在第二次长江经济带发展座谈会上明确提出"长江经济带应该走出一条生态优先、绿色发展的新路子"[13] 153。2019年，习近平总书记再次强调，要"保持加强生态文明建设的战略定力，探索以生态优先、绿色发展为导向的高质量发展新路子"[14]。2020年，习近平总书记在进行多地考察过程中强调，要坚定不移走生态优先绿色发展新道路。习近平总书记在第三次长江经济发展座谈会上回顾了前两次座谈会，强调了生态优先、绿色发展的战略定位。至此，习近平总书记对于绿色发展道路的定位已经十分明确，即我国应该走生态优先、绿色发展之路。

### （二）绿色发展道路的概念

生态优先、绿色发展道路区别于可持续发展道路，强调以生态优先为前提，协调生态、生产和生活的关系，大力发展绿色生态、绿色生产、绿色生活。党的十八大以来，我党高度重视资源环境这一关乎发展与民生的重大问题，并强调将新发展理念（创新、协调、绿色、开放、共享）中的绿色发展作为今后我国经济长期发展的重要战略方针和政策，同时作为我国全面建成小康社会和建设美丽中国至关重要的途径。这不仅是对改革开放40多年来我国经济长期采取粗放发展方式所带来后果的深刻反思，也是对我国社会发展规律的清醒认识和深刻总结。2016年，习近平总书记在推动长江经济带发展座谈会上提出"走生态优先、绿色发展之路",把生态优先与绿色发展进行了创造性的结合,把生态规律、生态资本及生态效益放到了发展的首要位置,以生态环境保护倒逼发展方式朝着绿色发展方向转型。以生态优先的绿色发展道路是符合历史发展规律和我国基本国情的生态文明道路。为了更好地认识和理解生态优先绿色发展道路,学术界的部分学者开展了相关研究,其中,黄娟教授对生态优先、绿色发展道路的研究较为系统。黄娟教授对生态优先、绿色发展道路的解读基于党的政策文件精神,符合我国经济社会发展的现实需要。因此,本书将采用黄娟教授对生态优先、绿色发展道路(简称绿色发展道路)的解读:生态优先、绿色发展新道路就是发展绿色生态、绿色生产、绿色生活,形成绿色生态、生产、生活方式,构建绿色生态、生产、生活体系,营造绿色生态、生产、生活环境,实现生态美丽、生产美化、生活美好,让人民群众在绿水青山中共享生态之美、生产之美、生活之美,这是一条生态优先、"三生"和谐、"三美"合一、人民幸福的新时代生态文明发展之路。[15] 基于此,对生态优先、绿色发展道路的内涵阐释应落脚在生态、生产和生活方面,即绿色生态发展道路、绿色生产发展道路、绿色生活消费道路。

## 四、乡村绿色发展道路

2017年,习近平总书记在中央农村工作会议上明确指出,乡村振兴要坚持人与自然和谐共生,走乡村绿色发展之路。乡村绿色发展道路是党中央基于我国国情、社情、民情提出的新论断,具有深刻的内涵。进入新时代以来,乡村绿色发展道路要坚持生态、生产、生活融合发展,保护绿色生态环境、发展绿色农业产业、塑造绿色生活消费,实现生态美、产业旺、农民富的新面貌。走乡村绿色发展道路就是要推动乡村绿色发展,按照生态宜居的要求保护和恢复乡村生态环境。从已有的学术研究来看,因乡村绿色发展道路提出时间较短的限制,学术界鲜少对此作出概念界定。本书结合前述绿色发展、乡村绿色发展、绿色发展道路的内涵,并结合习近平总书记关于走乡村绿色发展之路的相关重要论述,尝试对乡村绿色发展道路的内涵进行界定。

绿色发展是一个宏观的概念,涉及经济增长、生态建设、社会发展等多个方面。而绿色发展道路是实现绿色发展的具体路径和方式,更注重实践层面的操作。没有绿色发展道路，绿色发展理念就难以落地生根。绿色发展理念和绿色发展道路相互促进、相互依存，绿色发展理念为绿色发展道路提供方向指引和理论支持，绿色发展道路探索和实践不断丰富和完善绿色发展理念。乡村绿色发展是绿色发展理念的重要内容之一，是乡村振兴的必然要求。乡村绿色发展与乡村绿色发展道路也是宏观概念与具体路径之间的关系。因此，可将绿色发展道路定义为：在乡村地域范围内改变传统发展理念和方式，以保护农村绿色生态为前提，通过绿色生产方式构建绿色生产体系，培育农民绿色生活方式，探索绿色生态发展道路、绿色生产发展道路、绿色生活消费道路，以生态振兴推动新时代乡村全面振兴。

## （一）保护农村绿色生态是前提

"所谓生态，在人类社会发展中泛指自然生态系统，指的是包括人类在内的所有生物与其所处环境所形成的各类自然生态系统，包括地球表面的陆生生态系统、水生生态系统、湿地生态系统和地球表面以上的大气系统。它们共同构成全球最大的自然生态系统——地球生物圈。"[16] 这里的生态包含资源、环境、生态。生态环境资源是大自然给予人类的最宝贵财富。习近平总书记指出："生态环境是人类生存最为基础的条件，是我国持续发展最为重要的基础。"[12] 13 当前，我国农村资源、环境、生态问题已经十分突出，严重制约了农村发展的可持续性，成为影响农民生活幸福的重要因素。因此，乡村绿色发展道路必须把解决农村生态环境问题作为重要内容，形成绿色生态方式、绿色生态体系和绿色生态环境，从而保护农村绿色生态。

### 1. 形成绿色生态方式

绿色生态方式是人们坚持绿色、和谐的理念对待生态环境的根本态度与行为方式。人类要生存和发展，必然要开发利用资源环境生态，但不同的方式对资源环境产生不同的影响。如果我们无理地对待大自然，我们就是在摧毁自己生存的家园。[17] 乡村振兴走绿色发展道路必须以良好的生态环境为基础，这就要求在实施乡村振兴战略时要注重形成绿色生态方式。在农业文明时代，农村生态效率低，农民靠天吃饭，在生产生活中要始终顺应自然界发展的规律，因此，人们将构建人与自然和谐共生关系作为重要内容。在工业文明时代，人类将焦点集中在经济发展之上，从而开始陷入对大自然的无限开发和掠夺，人类将征服自然作为主要依据，忽视了自然界发展的客观规律，随之而来的是生态危机爆发的风险显著加剧。农民对待大自然的态度也从最初的敬畏、顺应转变为支配、挥霍。近些年，我国农村生态遭到破坏的现象时有发生，人们的生产生活行为违背了自然界的发展规律。习近平在《之江新语》一书中指出：你善待环境，环境是友好的；你污染环境，环境总有一天会翻脸，会毫不留情地报复你。[18]新时代，乡村绿色发展道路要以绿色为底色，按照生态优先的原则，像保护眼睛、保护生命一样对待保护生态环境，确保乡村生态环境良好。

### 2. 构建绿色生态体系

自然生态体系是一个包含山水林田湖草的生命共同体，各要素间相互联系、相互影响、相互补充，形成一个完整的生态体系。在人类出现后，自然生态体系打上了人类活动的烙印，人类的生产生活离不开与自然生态体系的互动。我国农村自然资源丰富，但是，长期不合理地开发使用自然资源导致自然资源大量浪费和严重失衡，如农业种植侵占了大量的森林资源和水资源、大规模畜牧业养殖破坏了草地资源、大范围的水产养殖污染了湖泊河流资源等。自然资源是生命共同体，一旦某一类自然资源失衡，必然会打破整个生命共同体之间的和谐关系。乡村绿色发展道路必须重视自然资源的保护和修复，构建系统的绿色生态体系，从整体上对山水林田湖草生态系统开展整治和修复，逐步实现人与自然和谐共处。

### 3. 发展绿色生态环境

生态环境是指与人类密切相关的、影响人类生活和生产活动的各种自然（包括人工干预下形成的第二自然）力量或作用的总和。长期以来，我国农村是绿色生态环境建设的低洼地区，传统的生产方式和生活方式造成了严重的环境污染。在这种条件下，农民的生活质量较低，劳动积极性薄弱，农民幸福感、获得感严重缺失。因此，在新时代推进乡村绿色发展道路要推动资源绿色化、环境绿色化、生态绿色化，形成绿色生态环境。乡村资源绿色化要大力发展水电、太阳能、风能等绿色能源。环境绿色化要解决大气、水、土壤以及垃圾问题。如持续解决农业生产中产生的化肥、饲料、农药、农膜等面源污染和秸秆焚烧造成的大气污染等。生态绿色化要大力开展农村森林修复和保护，让森林、树木覆盖广阔的农村土地。发展乡村绿色生态要顺应自然规律，符合我国基本国情，重点解决好河流、湿地、草原等方面生态问题。

## （二）发展农业绿色生产是途径

生产劳动是人类活动的主要形式，发展生产是实现生活和消费的基本手段。习近平总书记指出："生态环境保护和经济发展不是矛盾对立的关系，而是辩证统一的关系。生态环境保护的成败归根到底取决于经济结构和经济发展方式。"[13] 152新时代，乡村振兴走绿色发展道路必须将解放和发展农村绿色生产力作为重要内容，逐步推动生产方式、生产体系和生产环境绿色化，更好地兼顾绿色与发展两方面。

### 1. 形成绿色生产方式

绿色生产方式是科技含量高、资源消耗低、环境污染少的新型生产方式，"这种生产方式也同时展示人类对自然秩序的依赖和尊重"[19]。在农业文明时代，农业生产是社会产业发展的重心，农民从事农业生产，尊重大自然，对自然资源取用有度，对生态环境的影响和破坏十分有限。到了工业文明时代，农村主要以资源消耗型、环境污染型农业为主，消耗大量自然资源、严重破坏生态环境。长期粗放的农业生产方式导致我国农村生态环境承受了巨大的压力，农业不可持续发展成为突出问题。为此，习近平总书记准确把握我国经济社会发展现状，提出绿水青山就是金山银山的绿色发展理念，为我国乡村发展指明方向。发展农业绿色生产需要处理好经济发展与生态保护的关系。通过提高农膜回收率，加快农作物秸秆和禽畜养殖废弃物全量资源化利用，构建农林牧渔循环发展模式，形成科技含量高、资源消耗低、环境污染少的农业绿色生产方式。

### 2. 构建绿色产业体系

产业体系是物质文明发展程度的集中反映，也是人与自然关系状况的集中体现。绿色产业体系是以资源节约和环境保护为基础，运用绿色技术从事生产、经营并提供绿色服务活动的综合性产业体系。从农业文明到工业文明，我国产业体系发展不断发生改变，由最初的依靠自然到征服自然，人与自然的关系出现很大裂痕。党的十八大以来，党中央不断加强生态文明建设，强调以新发展理念为指导，逐步树立绿色低碳循环为特征的产业体系。2016年，习近平总书记在二十国集团工商峰会上表示，"将毫不动摇实施可持续发展战略，坚持绿色低碳循环发展，坚持节约资源和保护环境的基本国策"[20]。习近平总书记提出的绿色循环低碳发展的要求为构建我国绿色产业体系指明了方向。乡村振兴绿色发展道路是要加快产业结构调整和技术升级换代，通过构建绿色产业体系，把良好的生态环境优势转化为产业发展的优势，大幅提高农村经济发展绿色化程度，从而形成农村经济社会发展的新增长点、农民生活富裕的新支撑点。

### 3. 营造绿色生产环境

生产环境是指人们进行生产时面临的自然的和社会的境况。绿色生产环境是构建生态良好、环境优美、工作舒心的自然和劳动环境，是发展绿色生产的外部条件。这里主要讨论从事生产劳动的自然环境。绿色生产环境是维持人在劳动过程中积极性、主动性的重要因素。良好的劳动环境能够使劳动者身心愉悦，从而在劳动中饱含热情；而恶劣的劳动环境往往难以激发劳动者的热情，从而导致工作效率低下。邓小平同志曾经指出，我国企业要学习国外经验，在企业生产中要讲美学、讲绿化，以影响人的情绪，使人感到舒适，从而提高生产水平。[21]党的十八大以来，我国农业生产环境已经成为农民就业工作重要的考量因素，良好的生产环境成为吸引农民返乡、市民下乡的重要因素。乡村振兴走绿色发展道路要把构建绿色生产环境作为重要内容推进，在政府、企业、农民共同努力下，不断完善工作环境，为农民群体营造绿色、舒适、安心的劳动环境，从而提高农业生产效率和农民工作效率。

## （三）培育农民绿色生活是目的

生活是人类生存的基本活动形式，涉及日常衣食住用行消费的方方面面。霍尔姆斯·罗尔斯顿指出："人们的生活必然要受到大自然的影响，必然与大自然环境发生冲突，自从哲学诞生之日起，这一事实就引起人们的无限的思考。"[22]乡村振兴探索绿色发展道路的目的就是培育农民绿色生活，形成绿色生活方式、绿色生活体系、绿色生活环境，让广大农民在乡村绿色发展中有更多获得感、幸福感。

## 1. 培育绿色生活方式

生活方式是指人们消费物质资料的方式，即衣食住行用等日常生活的表现形式。在日常生活中，人们的生活方式与大自然生态环境是相互影响、相互依存的。良好的生活方式会营造良好的生态环境，良好的生态环境反过来也会促进良好的生活方式的形成。绿色生活方式是一种有利于生态环境保护的生活方式，是乡村振兴探索绿色发展道路的坚实根基。党的十八大以来，随着我国经济水平的快速提高，农村的物质生活水平也不断提升。然而物质资源的极大丰富一定程度上导致农民的生活方式发生转变，出现越来越多过度消费的情况，同时造成了严重资源消耗和环境污染。克沃尔认为，消费主义是人的软弱、孤立和精神绝望的反映，是资本主义异化劳动的结果，也是生态破坏的罪魁祸首。[23] 由此说明了构建绿色生活方式在经济社会发展和生态环境保护中的重要地位和作用。为此，乡村绿色发展道路要尽快在农村培育农民绿色消费、绿色居住的新行为，形成勤俭节约、绿色低碳、健康文明的绿色生活方式。同时，绿色生活消费方式成为农村主流生活方式以后，将倒逼农业形成绿色低碳的生产方式，从而推进乡村绿色发展道路。

## 2. 完善绿色生活体系

农耕文明时代的物质生产水平不高，人们对生活的定义只在于衣食住行等最基本的物质，而更进一层的文化生活等人们关注的程度不高，大多数集中在生活条件较好的人群中。到了工业文明时代，物质生活水平极大提升，激发了人们对更多生活的需要，自然文化生活等就逐渐被人们关注并成为焦点。马克思主义认为，人是复杂的动物，需要是人的本能，人的需要具有多样性和丰富性。人类生活内涵丰富全面，既有衣食住行等物质生活，也有处理社会交往的社会生活，还有寻求知识、探索意义等精神文化生活等内容。新时代，我国社会主要矛盾发生转变，人们的生活需要不再局限于简单的物质需要，而且要求优质的产品、丰富的文化、和谐的社会生活等。在社会主要矛盾转变的背景下，乡村振兴要把构建绿色生活体系作为重要内容，不断丰富优质物质产品、丰富文化产品、丰富优质和谐社会生活产品等，从而减轻资源环境生态负担，同时满足农民对美好生活的需要，提高农民的幸福感、获得感。

### 3. 塑造绿色生活环境

生活环境是指人们开展生活活动的环境。绿色生活环境是指绿色、舒适的供人们生活的良好环境。在人类生活当中，人的日常活动和生态环境是相互影响、相互作用的。"生态文明为人类提供良好社会生活环境，包括美好的自然环境、和谐的社会环境、符合人性的工作条件；生态文明唤起并不断满足人们的生态需要，这是实现人的全面发展的重要部分。"[24]进入新时代，我国农民对美好生活环境的需要日益凸显。习近平总书记讲道："良好的人居环境是广大农民的殷切期盼。"[12] 112乡村绿色发展道路必须把营造绿色生活环境作为重要内容，从住房、饮水、垃圾、厕所等基本的生活要素出发，妥善解决当前存在的生活垃圾、生活污水、基础设施建设不足等问题，逐渐把农村建设成为宜居的美丽乡村。

## 参考文献

[1] 胡鞍钢.生态文明建设与绿色发展之道[J].中关村,2012(12):48-50.

[2] 赵建军.中国实施绿色发展面临的机遇与挑战[J].洛阳师范学院学报,2013(1):1-5.

[3] 习近平.习近平著作选读:第1卷[M].北京:人民出版社,2023.

[4] 恩格斯.自然辩证法:节选[M]//马克思,恩格斯.马克思恩格斯选集:第4卷.北京:人民出版社,1995.

[5] 李培林.巨变:村落的终结:都市里的村庄研究[J].中国社会科学,2002(1):168-179.

[6] 杨文杰,巩前文.城乡融合视域下农村绿色发展的科学内涵与基本路径[J].农业现代化研究,2021,42(1):18-29.

[7] 卢宁.从"两山"理论到绿色发展:马克思主义生产力理论的创新成果[J].浙江社会科学,2016(1):22-24.

[8] 黄茂兴,叶琪.马克思主义绿色发展观与当代中国的绿色发展:兼评环境与发展不相容论[J].经济研究,2017,52(6):17-30.

[9] 中国21世纪议程:中国21世纪人口、环境与发展白皮书[M].北京:中国环境出版社,1994.

[10] 胡锦涛.胡锦涛文选:第2卷[M].北京:人民出版社,2016.

[11] 《十七大报告辅导读本》编写组.十七大报告辅导读本[M].北京:人民出版社,2007.

[12] 中共中央文献研究室.习近平关于社会主义生态文明建设论述摘编[M].北京:中央文献出版社,2017.

[13] 习近平.习近平著作选读:第2卷[M].北京:人民出版社,2023.

[14] 内蒙古日报评论员.坚定不移走好生态优先绿色发展之路:二论认真学习贯彻落实习近平总书记参加内蒙古代表团审议时的重要讲话精神[N].内蒙古日报,2019-03-08(2).

[15] 黄娟.生态优先、绿色发展的丰富内涵[EB/OL].(2018-08-31)[2024-10-15].https://voice.cug.edu.cn/info/1006/12672.htm.

[16] 黎祖交.生态文明关键词[M].北京:中国林业出版社,2018.

[17] 孙道进.马克思主义环境哲学研究[M].北京:人民出版社,2008.

[18] 习近平.之江新语[M].杭州:浙江人民出版社,2007.

[19] 张之沧,等.西方马克思主义伦理思想研究[M].南京:南京师范大学出版社,2009.

[20] 习近平.中国发展新起点 全球增长新蓝图[N].人民日报,2016-09-04(3).

[21] 中共中央文献研究室.邓小平年谱:1975—1997:上[M].北京:中央文献出版社,2004.

[22] 罗尔斯顿.环境伦理学[M].杨通进,译.北京:中国社会科学出版社,2000.

[23] 陈永森,蔡华杰.人的解放与自然的解放:生态社会主义研究[M].北京:学习出版社,2015.

[24] 刘希刚,徐民华.马克思主义生态文明思想及其历史发展研究[M].北京:人民出版社,2017.

# 第二章 乡村绿色发展道路提出的依据

## 一、历史依据

生态兴则文明兴，生态衰则文明衰，生态环境是人类文明兴衰的重要决定因素，自然生态的变迁直接关系到人类文明的进程。这在农耕文明时代表现极为显著。对于人与自然的关系，在我国传统文化中，就有天人合一、道法自然的哲学思想。道家认为，天是自然，人是自然的一部分。庄子认为，天地者，万物之父母也。老子认为，人法地，地法天，天法道，道法自然。董仲舒天人合一的观点认为，天为物质世界之源，是环境的象征，人则是适应和驾驭环境的思想主体，合是矛盾间的形式转化，一是矛盾相生相依的根本属性。所谓天人合一，就是强调人与自然要融为一体，和谐共处。道法自然、天人合一的哲学思想的核心在于人类要遵循自然规律，力求与大自然和谐共生。

历史上，许多古代文明起源于生态环境优美、自然资源充足的地区。正是在这样的生态环境下，古代人民通过辛勤劳动，农业得到了显著发展，从而得以在此基础上发展成为举世瞩目的灿烂文化；而与其鲜明对照之下，许多文明因破坏生态环境耗竭自然资源，终至衰败消亡。恩格斯在《自然辩证法》中曾有描述："美索不达米亚、希腊、小亚细亚以及其他各地的居民，为了得到耕地，毁灭了森林，但是他们做梦也想不到，这些地方今天竟因此而成为不毛之地。"[1]恩格斯通过美索不达米亚、希腊、小亚细亚这些案例真实生动地反映了人类与自然界的关系，一旦违背自然规律，人类的生存也难以为继。生态环境兴衰导致文明兴衰，无不证明着生态文明决定着人类文明，昭示着生态环境对农耕发展的优先性和决定性。

古代中国是典型的农耕文明，大气、资源、环境是人们赖以生存的关键要素。回顾历史，中国是农耕文化流传最长远、农耕智慧保存最完整的世界文明古国之一。古代中国农业生产力不强，生产效率较低，"靠天吃饭"形象地描绘了此种生存实态。不仅如此，生态环境一定程度上影响着老百姓的生存，甚至决定了一个朝代的兴衰。宋朝是我国重要的历史阶段之一，宋真宗赵恒在位期间励精图治，广纳良言，发展经济，因其治下繁荣稳定，内政明睿，史称"咸平之治"。但天不遂人愿，一场火灾、一场蝗灾，整个国家的粮食储备和生态几近瓦解，人民生活困难，国库空虚，危及国家政权根基。古代中国以农耕文明为主，在生产生活中要充分体现生态环境的优先性。近代以来，尤其是工业革命以来，人类与自然的从属关系发生了改变，随着逐步对自然的战胜，人类逐渐成为大自然的主宰者和征服者。然而，当人类还沉浸在征服自然所带来的富足生活时，环境污染、资源枯竭、生态破坏、全球变暖等成为人类无法忽视的全球性问题，这类问题严重威胁人类社会的可持续发展。可见，以自然资源和生态环境为核心的农耕文明、工业文明能否妥善处理社会发展与大自然之间关系显得尤为重要。这十分有助于新时代人们正确认识和理解农业农村发展与生态环境保护之间的关系，为提出乡村振兴应走绿色发展道路提供历史依据。

## 二、理论依据

党的十八大以来，以习近平同志为核心的党中央高度重视生态文明建设，将生态文明纳入社会主义现代化建设"五位一体"总体布局中，并形成了创新、协调、绿色、开放、共享的新发展理念。无论是"五位一体"总体布局还新发展理念，都是重要的顶层设计，是管全局、管根本、管方向、管长远的东西，在我国社会主义现代化建设中具有统筹和根本作用。绿色发展道路以生态优先为前提，乡村绿色发展应推动实现农村生态、生产、生活"三生"协同发展。这是党中央基于我国生态文明建设和新发展理念的时代背景下提出的推动农业农村发展的重要理论创新和指导方案，既符合农业农村发展的内在规律，也符合中国式现代化建设的总体要求。乡村绿色发展道路重要理论是新时代马克思主义中国化的最新成果。

"人们的认识过程，既不是封闭式的循环，也不是直线式的前进，而是螺旋式的曲折上升运动。"[2] 我国乡村绿色发展道路的提出也具有从理论到实践再到理论的过程。新中国成立以后，我国农村步入第一发展阶段，用绿水青山去换金山银山。当时农村以经济为中心，极大地推动农业农村的经济发展，人民生活水平有了明显提高。但是资源大量浪费、化肥使用过量、土壤污染严重等生态环境问题凸显。改革开放以后，特别是党的十六大以后，我国农村步入第二发展阶段，既要金山银山也要绿水青山。党中央深刻认识到环境保护对于农业农村发展的重要性，一手推动农村经济社会发展，一手推动农村污染治理，生态环境保护虽取得了显著成效，但农村建设和社会发展仍然滞后，乡村环境差、建设乱。党的十八大以来，我国农村步入第三发展阶段，绿水青山就是金山银山。以习近平同志为核心的党中央深刻认识到良好的生态环境是农村最宝贵的财富和最大的优势，农村发展必须充分发挥自身优势，将宝贵的自然资源转化为高效生产力，实现经济社会发展与生态环境保护相协调。走乡村绿色发展道路是贯彻新发展理念、守住绿水青山、建设美丽中国的必然要求，对保障国家食品安全、生态安全、资源安全，社会可持续发展具有重大意义。乡村振兴必须坚持走绿色发展道路这一论断的提出是在中国全面振兴推进乡村振兴、生态文明建设以及实现"双碳"目标的大背景下对"三农"发展模式的重大理论创新和实践总结。这一论断是对传统乡村发展理念的突破，也是对新时代农村发展要求的科学回应。

## 三、现实依据

在传统农业社会向现代工业社会转型的过程中，现代化给我国社会带来了高速发展，也带来了环境污染和生态破坏。乡村生态环境问题是现代化进程中的阶段性问题，但如不能及时遏制，将会严重威胁我国农村社会的可持续发展，影响我国的和谐发展，甚至影响我国现代化的推进。因此，乡村走绿色发展道路是我国经济社会发展的现实需求，只有以绿色发展道路推进乡村振兴，才能使我国经济社会和谐稳定发展。

生态环境问题严重影响了农村居民的生活质量。良好的生态环境是人们幸福生活的基础，经济社会发展所带来的生活富裕是幸福生活的必然要求，我们既要良好的生态环境，也要富裕的物质生活。农村生态环境污染严重是当下农业农村发展面临的突出问题，已经成为制约农村经济社会发展的重要因素。长期以来，我国的基本国情是人口多、底子薄、发展不平衡。改革开放40多年，我国经济社会发展突飞猛进，物质生活需要得到极大满足，人民生活水平显著提升。中国快速工业化和城镇化带动经济飞速发展，但资源消耗、环境污染导致经济社会发展面临阻碍，中国经济发展转型，走向可持续发展道路不仅势在必行，而且关乎未来国家发展的走向。尽管农村与城市发展水平还存在较大差异，但同样面临生态环境危机。塑料薄膜大量使用、工业化肥过度使用导致土壤水体污染、生活垃圾肆意堆放等不可持续的生产生活方式导致严重的农村生态环境污染。《中共中央　国务院关于实施乡村振兴战略的意见》指出，要推进乡村绿色发展，打造人与自然和谐共生发展新格局。党中央提出乡村振兴要走绿色发展道路，正是基于农业农村发展的现实情况而提出的，是新时代指导我国开展"三农"工作、破解当前困境的重要指南。良好生态环境是最公平的公共产品，是最普惠的民生福祉。[3] 中国作为农业大国，实现生态振兴、做到生态宜居是实施乡村振兴战略的重要内容之一，乡村的环境问题事关我国发展全局，尤其关系到我国农业绿色发展、农村创新发展以及老百姓对美好生活的需要。它既是实施乡村振兴战略的目标要求，也是实现中国式现代化的关键环节。

新时代，我国社会主要矛盾已经转变为人民日益增长的美好生活需要和不平衡不充分的发展之间的矛盾。党的十九大报告指出，"我们要建设的现代化是人与自然和谐共生的现代化，既要创造更多物质财富和精神财富以满足人民日益增长的美好生活需要，也要提供更多优质生态产品以满足人民日益增长的优美生态环境需要"[4]。当前，农村经济、文化、社会、政治、生态等发展情况显著落后于城市，城乡发展不平衡是我国经济社会发展中最突出的表现。在这种情况下，农村优质生态产品、良好生态环境等的缺乏进一步激化城乡之间的矛盾，制约着农民群体收获幸福感、获得感、满足感。乡村绿色发展道路的提出基于当前我国面临的突出矛盾，能够有效地推动绿色农业、美丽农村建设，满足农民群体的优质生活需要，从而使农民群体收获幸福感、获得感、满足感。乡村绿色发展道路是新时代农民获得最公平的公共产品、最普惠的民生福祉的必然选择，是顺应时代发展需要而诞生的理论成果。

## 四、实践依据

西方发达国家走在农业农村现代化的前列，有诸多较为成熟的乡村走绿色发展道路成功案例。如德国、荷兰等西方国家是农业农村现代化程度较高的国家，有丰富的农业农村绿色发展经验。作为全球能源转型的先驱之一，德国在乡村绿色低碳转型中积累了诸多切实可行的发展模式与经验。1992年，德国提出农村可持续发展理念，要求正确处理乡村生态环境保护和土地开发利用的关系，强调尽可能减少不必要扩张，在现有范围内通过提高劳动生产率等方式寻求新的发展机会。作为农业出口大国，荷兰农业发达，特色明显。1954年，荷兰颁布《土地整理法》，中心任务是保护乡村传统景观，预留部分土地进行自然保护，将生态环境放在农业农村发展过程中的重要位置。日本是农业农村实现绿色发展的突出典范，1979年，日本发起"一村一品"运动，立足本地资源发展农业经济，着重强调要将生态环境保护放在第一位。经历了数十年的发展，西方发达国家农村普遍实现了经济社会发展与生态环境保护相协调的发展模式，为世界范围内发展中国家提供参考，成为我国推动乡村走绿色发展道路可借鉴的案例。我国一些地区在推进乡村振兴探索绿色发展道路上走在了前列，如浙江安吉、江西婺源、河北隆化、辽宁十家子村等。以安吉为例，浙江安吉是一个极具发展特色的生态县，20世纪八九十年代，为实现全面脱贫致富的美好目标，逐步兴建了造纸、化工、印染等企业，在经济得以快速发展的同时也对生态环境造成了极大破坏。为了缓解环境污染压力，2001年，安吉提出了"生态立县"的重要战略思想，由此开始了对经济发展新方式的探索和实践；2008年，安吉全面启动美丽乡村建设，并将标准定为"生态美、村容美、庭院美、生活美、乡风美"；2015年，又制定了《美丽乡村建设指南》，明确提出要打造"村村优美、家家创业、处处和谐、人人幸福"的美丽乡村。经过十多年的努力，逐渐形成了具有特色的安吉美丽乡村建设模式。自2005年党中央推行美丽乡村建设以来，浙江安吉、江西婺源等乡村均列入美丽乡村建设名单，并取得显著成效。我国在美丽乡村建设的探索和尝试中，不仅丰富和发展了我国农村绿色发展理念，而且为乡村绿色发展道路的发展奠定了扎实的基础。

# 参考文献

［1］ 恩格斯. 自然辩证法：节选［M］//马克思，恩格斯. 马克思恩格斯选集：第4卷. 北京：人民出版社，1995.

［2］ 倪志安，等. 马克思主义哲学原理新探［M］. 北京：人民出版社，2010.

［3］ 中共中央文献研究室. 习近平关于社会主义生态文明建设论述摘编［M］. 北京：中央文献出版社，2017.

［4］ 习近平. 决胜全面建成小康社会 夺取新时代中国特色社会主义伟大胜利：在中国共产党第十九次全国代表大会上的报告［M］. 北京：人民出版社，2017.

# 第三章　乡村绿色发展道路的理论渊源

一切思想观念的形成都有其思想来源和理论逻辑。马克思、恩格斯关于乡村绿色发展的相关思想是我国乡村绿色发展道路的重要理论指导，中国共产党关于乡村绿色发展的相关论述是我国乡村绿色发展道路的直接理论基础，中华优秀传统文化关于乡村绿色发展的相关思想为其提供深厚的文化滋养。笔者对这些相关理论和思想进行系统梳理，旨在将新时代乡村绿色发展道路的研究建立在深厚的思想来源之上。

## 一、马克思主义关于乡村与绿色发展论述

中国共产党是马克思主义政党，以马克思主义理论为指导。我国乡村绿色发展道路的研究要遵循马克思主义乡村绿色发展相关思想，并在党的历代中央领导集体的探索下，形成具有中国特色的乡村绿色发展思想，成为指导我国乡村绿色发展的理论基础。马克思主义诞生于19世纪的欧洲，以揭示资本主义的剥削性和实现共产主义为目标。当时，马克思、恩格斯虽未形成比较成熟的绿色发展思想，但他们提出的很多观点与绿色发展高度相关，并且具有超越性和科学性。马克思、恩格斯对作为数量最多的无产阶级群体——农民展开了深入研究，通过对劳动力、生产方式、资本、科技等农业农村发展的重要相关因素进行分析，形成乡村绿色发展的相关思想。

### （一）人与自然关系

恩格斯的生态思想是马克思主义生态思想的重要组成部分，人与自然关系是恩格斯关注的焦点。

首先，马克思、恩格斯认为自然是人类赖以生存的条件。马克思、恩格

斯对人与自然的关系进行了深入的研究，他们认为人是自然界的一员，与自然界有着共生共存的关系。马克思在《1844年经济学哲学手稿》中指出，"所谓人的肉体生活和精神生活同自然界相联系，不外是说自然界同自身相联系，因为人是自然界的一部分。"[1]马克思认为，只有在人类历史中生成的自然界才是人的现实的自然界，"历史是人的真正的自然史"[2] 211。"自然界，就它自身不是人的身体而言，是人的无机的身体。人靠自然界生活。"[2] 161这说明人是自然界发展到一定阶段的产物，与自然界密不可分，人的生存和发展都依赖于整个自然界，同时人的各种行为也都影响着自然界。恩格斯在《自然辩证法》中指出："我们连同我们的肉、血和头脑都是属于自然界和存在于自然界之中的。"[3] 384恩格斯将人和动物活动对自然界的影响进行了分析，认为动物只是单纯地以自己的存在来改变自然界，并不会打上印记，但是人却通过改变来使自然界为自己的目的服务，来支配自然界。马克思、恩格斯认识到人类活动与正确运用自然规律的重要性。恩格斯也强调，人的生活、人的思维都依靠自然界得以改变。

其次，恩格斯指出，人类必须敬畏自然，遵循客观的自然规律。恩格斯继承发展了马克思的生态思想，他认为自然界的发展有规律可循，人类要实现与自然界和谐共处就要尊重自然规律。他强调，人类不能毫无节制地开发自然。恩格斯在《自然辩证法》中用美索不达米亚等多地居民为得到更多的耕地而砍伐森林、阿尔卑斯山的意大利人砍伐松林、欧洲传播栽种马铃薯这几个典型的例子来告诫人们，"我们不要过分陶醉于我们人类对自然界的胜利。对于每一次这样的胜利，自然界都对我们进行报复"[3] 383。

最后，马克思、恩格斯认为，人与自然之间协调发展离不开科学技术的重要作用。他们早期就认识到科学技术在人与自然关系中的重要作用，他们认为科学技术是自然力与人的智力、自然规律与人的目的需要的有机统一，他们指出技术是"劳动者置于自己和劳动对象之间、用来把自己的活动传导到劳动对象上去的物或物的综合体"[4]。人类在生产和实践活动中，一方面需要借助科学技术，增强自身对自然的作用力度，使自然愈加趋向人类需要；另一方面，科学技术的不断发展和广泛应用，又可以改善人类社会的发展条件。

### （二）城乡发展思想

马克思、恩格斯的城乡发展理论蕴含着对农业及农村生态问题的深刻关切，随着时代发展，历久弥新。全面地对马克思、恩格斯的城乡发展理论进行研究，有利于为乡村绿色发展提供理论指导。

第一，马克思、恩格斯强调城乡关系是由生产力水平决定、随所有制变化而演进的。在马克思、恩格斯的城乡关系理论中，生产力的高度发展是走向城乡融合的理论前提，工农业的融合发展则是城乡融合的物质前提。马克思认为，农业生产中应当广泛使用"一切现代方法，如灌溉、排水、蒸汽犁、化学处理等等"[5] 128来满足生产力增长的各种需要，并且要把大规模的耕作在全国范围内推行，这种农业生产经营方式有助于推动农业生产力的发展，引起人们生活方式的改变和整个社会文明程度的提高。第二，重视城市和工业对于农村和农业的带动作用。马克思、恩格斯认为，城乡融合是实现城乡"更高级的综合"，实现城乡协调发展。他们强调，要使工业创造条件促进农业的发展，城市的繁荣也把农业从中世纪的简陋状态下解脱出来，对整个农业发展起到一定的作用。由此可见，工业和城市都对农业的发展具有促进作用，同时，城市和工业带动了农业生产力发展和生产方式的变革，从某种意义上说也推动了农村的发展。第三，重视科学技术的发展对于城乡融合的推动作用。马克思、恩格斯指出，电的发明和应用是科学技术的一大进步，这一发明和应用对城乡关系的发展起到重要推动作用，"这一发现使工业彻底摆脱几乎所有的地方条件的限制，并且使极遥远的水力的利用成为可能"[6]。马克思基于对资本主义制度下农业生产方式的批判，形成了富含生态农业的合理农业发展思想。马克思表达了自己对合理农业的构想："合理的农业所需要的，要么是自食其力的小农的手，要么是联合起来的生产者的控制。"[7] 137合理农业的优点在于通过这两种农业方式能够实现土壤肥力的有效补偿，保持耕地的可持续性。马克思进一步指出资本主义制度与合理农业相矛盾。马克思认为，资本原始积累以占有大量的农业资源为基础，英国"圈地运动"通过对公用土地资源的掠夺迫使农民与生产资料分离，使整片土地荒芜。而破坏土地就是破坏农业生产的先决条件和自然基础，也就意味着破坏了人类生产和生存的根基。恩格斯指出："土地是我们的一切，是我们生存的首要条件；出卖土地，就是走向自我出卖的最后一步。"[8] 马克思指出，资本主义制度下劳动者与土地所有权分离是土地肥力衰竭的根本原因。"当租约期满时，租地农场主在土地上实行的各种改良，就要作为和实体即土地不可分离的属性，变成土地所有者的财产。"[7] 679因此，农场主为了获得更多剩余价值，不断缩短土地租期，并过度投资土地肥力，导致土地资源受损。同时，租地农场主为了尽可能减少损失，"避免进行一切不能期望在自己的租期内完全收回的改良和支出"[7] 700，便无法保障土地可持续使用。这种土地所有权私有制是制约合理农业的最大障碍。

## （三）产业融合发展

19世纪，欧洲经历了由农业文明向工业文明转变的过渡时期，马克思、恩格斯认真观察和分析了农村在资本主义工业化城市化进程中的转变，揭示了农村产业从农业走向产业融合的发展进程，进而带动农村绿色发展。马克思首先讲到自给自足的农业"是把纺、织等等作为家庭副业来经营的"[9]，同时讲到农业、工业、服务业三者相互促进和补充的关系。恩格斯同样对农业生产和工业化发展进行了分析，指出"要使这些被排挤出农业的人不致没有工作，或不会被迫集结城市，必须使他们就在农村中从事工业劳动，而这只有大规模地、利用蒸汽或水力来经营，才能对他们有利"[10]。在《瑞士共和国的政治地位》中，恩格斯讲道："在瑞士，人们几乎不知道利用蒸汽；大工厂仅仅在少数地方才有；人力便宜，人口稀少，适合修建磨坊的山地小河比比皆是，——所有这一切以及其他许多情况，就促使瑞士建立与农业错综结合的小型分散的工业，这是对瑞士最适合的工业生活形式。"[11] 在《反杜林论》中，恩格斯再次表达了"大工业在全国的尽可能均衡的分布是消灭城市和乡村的分离的条件"[12] 的工农业融合发展思想。马克思、恩格斯深入剖析了在资本主义社会，农村产业变迁的过程和动因，揭示农村从单一的农业生产走向农业、工业融合发展的过程，通过机械化作业提升农业生产效率和产业融合带动农村走向绿色发展过程。马克思、恩格斯的农业机械现代化思想和合理农业思想，以及由此形成的推动产业融合的发展理念，对于今天我国走乡村绿色发展道路有重要的指导意义。

## （四）农业科技应用

马克思、恩格斯不仅通过对人与自然的辩证关系分析指出人类应该尊重并正确运用自然规律，还强调了科学技术在人类实践活动中的重要作用。他们认为科学技术一方面是人类实践活动的产物，另一方面又对人与自然产生重要影响，尤其是人们可以通过先进的生产技术提高实践活动的科学性和效益性，同时可以改善人类的生产生活质量，从而实现人与自然的和谐相处。马克思指出，随着生产力快速发展，科学技术不断提升，农业生产方式也经历从手工农业向机械化、化学化的转变，通过这种现代化的技术手段提高农业生产效率。因此，马克思主张将科学技术引入农业生产。"一切现代方法，如灌溉、排水、蒸汽犁、化学产品等等，应当在农业中广泛采用。"[5] 128 为了说明科学技术对土地肥力和农业生产效率的提升，马克思进一步分析了土地自然肥力的要素构成，"在自然肥力相同的各块土地上，同样的自然肥力能利用到什么程度，一方面取决于农业化学的发展，一方面取决于农业机械的发展"[7] 733。马克思认为，有三种方式可以人工增加土地肥力。一是将饲料应用到土地上，"沙地和无用的荒地变成了种植小麦和大麦的良田，在贫瘠的土地上生产的谷物增加两倍，同时也获得了饲养牛羊的极好的饲料"[13]。二是提高机械化水平，提高农业机械化使用水平，通过翻倒上下层土壤，均衡土壤肥力。三是应用化学药物改善土壤肥力，"对硬黏土施加某种流质肥料或对重黏土进行熏烧可以增加土地的实际收成"[7] 733。马克思对待科学的态度十分理性，强调在农业生产中运用科学技术要遵循自然规律，"不以伟大的自然规律为依据的人类计划，只会带来灾难"[14]。由此可以看出，马克思认为，使用科技手段应在自然界可容纳的范围内。

## 二、中国共产党关于乡村绿色发展的相关论述

在我国发展的每一个历史阶段，中国共产党人都肩负着相应的历史使命。农村工作始终贯穿我国建设和改革的每个阶段。每一代领导人在完成历史使命的同时，也形成了各自体现时代特征的乡村绿色发展思想。从党和国家领导人的讲话和国家相关政策文件以及法律法规中可以看出我国乡村绿色发展的探索和实践进展。

### （一）毛泽东同志关于乡村绿色发展相关思想

在革命时期，毛泽东同志对保护生态环境的重要性就有了深刻的认识，

在延安大学的开学典礼上，毛泽东同志明确指出了生态环境建设的重大意义，要在没有绿色树木的山头种上合适的树木，让绿色铺满中国大地的整个山头。新中国成立以后，毛泽东同志在领导新中国的建设中，提出了很多有关乡村绿色发展的观点和主张。这一阶段，我国乡村绿色发展的理念和思想处于起步阶段和萌芽状态，毛泽东同志在深入调查研究之后，对农村发展的具体情况有了深入了解，提出要从修复生态环境、完善基础设施建设等方面不断推动农村绿色生态建设、绿色生产发展。

### 1. 农村生态建设思想

新中国成立以后，以毛泽东同志为核心的党的第一代中央领导集体深入探索了乡村发展之路，充分认识到在乡村经济发展中保护生态环境的重要性。毛泽东同志提出"植树造林，绿化祖国"的号召，要求"在一切可能的地方，均要按规格种起树来，实行绿化"[23] 509。随后，全国各地纷纷响应毛泽东同志号召，开展植树造林活动。在农村，大面积的荒地、荒山为农村植树造林创造了良好的条件。从1956年起，我国针对植树造林等绿化活动制定了一系列政策文件。1956年1月，中共中央政治局提出的《1956年到1967年全国农业发展纲要（草案）》中指出，"从1956年开始，在12年内，绿化一切可能绿化的荒地荒山，在一切宅傍、村傍、路傍、水傍以及荒地上荒山上，只要是可能的，都要求有计划地种起树来"[24]。1958年8月，毛泽东同志在北戴河召开的中共中央政治局扩大会议上说："要使我们祖国的河山全部绿化起来，要达到园林化，到处都很美丽，自然面貌要改变过来。"同年11月，毛泽东同志针对有关部门在林业作用和地位上存在的认识偏差强调："农、林、牧三者相互依赖，缺一不可，要把三者放在同等地位"，"农林牧，一个动物，一个植物，是人类少不了的"，甚至说，"没有林，也不成其为世界"。[25] 以毛泽东同志为核心的党的第一代领导集体在革命和建设中深深认识到绿色祖国、绿色农村的重要性，多次强调要加强农村绿色建设，成为我国早期乡村绿色发展的重要指导思想。

### 2. 农业生产发展思想

新中国成立初期，面对严重的物质匮乏和环境恶化，毛泽东同志重视水利建设，认为"水利是农业的命脉"，重视淮河、黄河、长江等大江大河的治理，提出了兴修水利，解决水资源问题，提高农村生产效率，推动农村生产发展。毛泽东同志指出，要"有计划、有步骤地恢复并发展防洪、灌溉、排水、放淤、水力、疏浚河流、兴修运河等水利事业"[26]，加强水利基础设施建设，特别是农村水利基础设施建设。1950年，我国淮河流域发生特大洪水，毛泽东同志作出批示："除目前防救外，须考虑根治办法，现在开始准备，秋起即组织大规模导淮工程，期以一年完成导淮，免去明年水患。"[23] 85 1950年10月，政务院发布了《关于治理淮河的决定》，这是我国第一个大型水利工程。导淮工程是解决洪水等自然灾害的水利工程，同时，通过修建水库、渠道等水利工程极大地便利了乡村农田灌溉，解决了农业生产用水困难的问题。1955年，一届全国人大二次会议正式通过《关于根治黄河水害和开发黄河水利的综合规划的报告》。随后，党中央多次针对河流水利问题开展整治。新中国成立初期，以毛泽东同志为核心的党的第一代中央领导集体在持续推进水利设施建设的过程中，不仅逐步解决了我国面临的重大洪涝水灾问题，而且极大地丰富了农村农业灌溉资源和渠道，为提高农业生产效率、实现农业可持续发展提供了重要借鉴。

## （二）中国特色社会主义理论体系中关于乡村绿色发展思想

党的十一届三中全会以来，在历届党中央领导下，凝聚了全党智慧，形成了中国特色社会主义理论体系，其中包含了深厚的关于乡村绿色发展的思想，成为指导我国乡村振兴、探索绿色发展道路的重要理论基础。

改革开放以后，我国农业生产方式较为粗放，农村生态环境遭到严重破坏、生态资源极大浪费，农村经济发展与生态环境保护之间的矛盾逐渐突出。历届党中央高度重视农村绿色发展问题，连续多年制定了关于"三农"问题的中央一号文件，为解决农村绿色发展问题提供了重要的理论指导。

（1）生态保护思想。邓小平同志深刻认识到乡村发展，生态环境保护是重点，并提出："生态环境是经济发展的基础，不能以牺牲环境为代价发展经济。只有合理地开发自然资源、保护自然环境，经济才能长久持续增长，要将生态保护与经济建设相结合，统筹兼顾协调发展。"[27] 1979年，我国首次将环境保护纳入法律体系，并建立完善的生态体制，此后，环境保护开始成为我国社会主义现代化建设的基本国策。同时，面对传统农村发展中产生的环境严重污染和资源过度消耗问题，以邓小平同志为核心的党中央积极总结经验，制定了一系列正确认识和处理乡村生态环境问题的文件。1982年，党中央发布改革开放后第一份关于"三农"问题的中央一号文件《全国农村工作会议纪要》，在文件中明确指出："要抓紧土地、水、生物等资源和重点开发地区的调查，特别要加强农业资源的保护工作，制止某些地区生态环境继续恶化。"[28] 1983年的《当前农村经济政策的若干问题》文件指出"实现农业发展目标，必须注意严格控制人口增长，合理利用自然资源，保持良好的生态环境"[29]。进入21世纪，以胡锦涛同志为总书记的党中央坚持以人为本，从人与自然的根源性关系出发，明确提出"保护自然就是保护人类，建设自然就是造福人类"[30] 的科学论断，重申了保护自然的重要意义。为此，2012年，党中央发布《关于加快发展现代农业 进一步增强农村发展活力的若干意见》，强调要进行农业农村基础设施建设，改善农民生产生活条件，要"加强农村生态建设、环境保护和综合整治，努力建设美丽乡村"[31]。并在此后的乡村发展中，持续加强农村生态环境保护，引导乡村绿色发展。

（2）可持续发展思想。改革开放以后，随着我国农村发展，经济建设与生态建设之间的矛盾凸显。为了解决这一问题，历届党中央先后吸收国际先进经验和我国优秀传统文化，形成了具有中国特色的乡村可持续发展思想。邓小平同志十分重视经济建设与生态环境的关系，在总结前人相关论述的基础上，提出要正确处理经济发展和生态环境保护之间的关系。江泽民同志进一步强调可持续发展战略在乡村产业发展中的地位和作用。"在现代化建设中，必须把实现可持续发展作为一个重大战略。要把控制人口、节约资源、保护环境放到重要位置，使人口增长与社会生产力的发展相适应，使经济建设与资源、环境相协调，实现良性循环。"[32] 此后，1994年，国务院发布《中国21世纪议程——中国21世纪人口、环境与发展白皮书》，明确"转变发展战略，走可持续发展道路，是加速我国经济发展，解决环境问题的正确选择"[33]。1995年9月，党的十四届五中全会通过的《中共中央关于制定国民经济和社会发展"九五"计划和2010年远景目标的建议》将"可持续发展"写入其中，提出"必须把社会全面发展放在重要战略地位，实现经济与社会相互协调和可持续发展"[34]。胡锦涛同志进一步明确了乡村经济发展和生态保护的关系，将可持续发展理念作为乡村发展的重要内核。他强调，要"鼓励发展循环农业、生态农业，有条件的地方可加快发展有机农业"[35]。

"通过降低成本增收，大力发展节约型农业，促进秸秆等副产品和生活废弃物资源化利用。"[36]可持续发展理念是历届党中央的重要智慧结晶，它的形成和完善不仅丰富了我国绿色发展理论，更重要的是为我国走绿色发展道路指明了方向。

（3）绿色法治思想。法治是现代文明的基本要求，全面推进依法治国是推动国家治理现代化的重要途径。改革开放以来，历届党中央高度重视法治对于推进可持续发展的重要性。邓小平同志对构建生态法治重要性和迫切性有深刻体会，他认为随着我国人口逐渐增多，经济逐步发展，势必会产生自然资源的大量消耗。为此，邓小平同志提出在农业农村发展过程中正确处理乡村经济发展和生态环境保护的关系，必须通过法律手段来对破坏环境的行为进行强制性的规制，使得农民自觉遵守相关规定，提高农民保护自然环境的自觉性。为此，1978年，邓小平同志在中央工作会议上强调，在国家层面上改善农村的生态环境，提高农业绿色发展水平，要把制定法律法规作为重要手段，为农业农村发展提供基本遵循。[37]江泽民同志面对我国农村经济发展与资源环境生态的内在矛盾，强调严格执行土地、水、森林、矿产、海洋等资源管理和保护的法律，通过发挥法律的强制性和权威性，在约束农民行为的同时，促进乡村生态环境和资源保护。[38]胡锦涛同志认为，完善的法律制度是促进可持续发展的重要保障，提出"要坚持依法办事，把人口资源环境工作纳入法制轨道"[39]。为此，在推进农村绿色发展过程中，将法治建设作为重要内容，把法治作为解决"三农"问题、推动乡村绿色发展的重要保障。绿色法治建设是党中央根据不同时期农村面临的困境作出重要决定，逐步解决农村法治薄弱的问题，从而保障乡村绿色可持续发展。

## （三）新时代党中央关于乡村绿色发展思想

党的十八大以后，以习近平同志为核心的党中央高度重视乡村绿色发展，结合我国农业农村发展现状，形成了新时代党中央关于乡村绿色发展思想。以习近平同志为核心的党中央关于乡村绿色发展思想主要从生态、生产、生活视角出发，包括绿色生态思想、绿色产业思想、绿色民生思想等。这一系列观点为我国乡村振兴探索绿色发展道路提供理论支撑和重要遵循。

（1）绿色生态思想。农村发展已经进入新时代，坚持人与自然和谐共生、保护生态环境成为实现农业农村现代化的重要基础。习近平总书记讲道："良好生态环境是农村最大优势和宝贵财富。要守住生态保护红线，推动乡村自然资本加快增值，让良好生态成为乡村振兴的支撑点。"[40] 111良好生态环境是买不来也借不到的宝贵财富。农村发展要始终把保护和修复生态环境作为行动的前提，一方面要保护生态环境资源，严厉禁止并查处违反规定的砍树、挖山、填湖等行为和城市工业污染向农业农村转移，逐步完善天然林木保护、耕地草原森林湖泊休养制度，统筹山水林田湖草生态系统保护。另一方面要修复生态环境，针对当前农村面临的突出环境问题，解决好森林、土地等自然资源浪费，水、耕地环境污染，产业废弃物污染等问题。妥善做好农村生态环境保护和修复工作是农村一切工作的重要基础，也是人民群众的切身关切。习近平总书记从源头出发，把乡村生态环境保护和修复工作作为重中之重推进，为我国乡村绿色发展道路明确了底线和思路，其一系列举措成为指导我国推进乡村绿色发展道路的重要指南。

（2）绿色产业思想。产业兴旺是乡村振兴的重点。新时代，发展乡村产业要注重经济效益与环境效益的关系，走绿色产业发展之路。习近平总书记讲道："绿水青山就是金山银山。"[41]"我们必须要处理好经济发展和生态环境保护的关系，把该减的减下来、该退的退出来、该治理的治理到位。农村生态环境好了，土地上就会长出金元宝，生态就会变成摇钱树。"[40] 113协调产业发展与生态环境保护的关系，一方面要减少农业生产污染，另一方面要发展绿色低碳产业。减少农业生产污染，解决农业面源污染问题和耕地过度开发问题，必须以绿色生态问题为导向，建立绿色低碳循环的农业产业体系，"实现投入品减量化、生产清洁化、废弃物资源化"[40] 113，引导农业向绿色转型。发展绿色低碳产业，要把产业模式生态化作为发展重点，以绿色农业和优质生态资源为基础，推动生态旅游、生态养老、生态扶贫等"生态+"项目，保障绿色产业有序发展。习近平总书记总结以往经验，提出"两山论"等绿色发展理念，为我国乡村绿色产业发展，实现农业现代化提供重要理论指导。

（3）绿色民生思想。民生是国之根本，乡村发展的落脚点始终是实现农民幸福。习近平总书记讲道："要结合实施农村人居环境整治三年行动计划和乡村振兴战略，因地制宜、精准施策，一件事情接着一件事情办，一年接着一年干，建设好生态宜居美丽乡村，让广大农民在乡村振兴中有更多获得感、幸福感。"[40] 116解决农民的基本民生需要，要从改善农村人居生活环境和提高农民生活质量方面着手。改善农民生活环境要大力完善农村基础设施建设，推进农村厕所革命，完善农村网络设施、绿化工程、节能照明等，为农民群众提供绿色便利的生活条件，打造农民安居乐业的美丽家园。提高农民生活质量，在进一步完善农业产业体系和产业融合发展的基础上，为农民提供更多优质的就业渠道，不断改善农民物质生活水平，实现农民生活富裕。扎实有序地引导农村精神文明建设，深挖农村优秀传统文化，丰富农村文化活动形式，提高农民精神生活质量。习近平总书记高度重视农民生活改善，把坚持农民主体地位、增进农民福祉作为农村一切工作的出发点和落脚点，在推进乡村绿色发展道路中塑造农民绿色生活。

## 三、中华优秀传统文化中绿色发展的生态智慧

中华优秀传统文化中蕴含着丰富的绿色发展思想。传统生态智慧阐明了人与自然的基本关系，向我们传达了既要积极改造自然发展人类社会，又要主动保护生态环境的生态智慧。在中国，"天人合一"理念、"道法自然"思想、"和谐共生"思想等都是乡村绿色发展的中国文化基因。

### （一）自然观："天人合一"

"天人合一"的和谐思想是先秦儒家生态思想的本质，也是贯穿儒家生态思想始终的主线。儒家主张"天人合一"思想，指出人与自然的相互依存状态。这里的"天"是整个自然界的总称。中国古代，人们对自然界充满了敬畏，在感激从自然界中获取的同时，也害怕自然带来的灾难，人们力求实现"天人合一"的状态。"天人合一"思想主张天、地、人是一个整体，认为人与自然是相互作用、相互影响的。首先，天地万物是一个统一整体。孔子提出"四时行焉，百物生焉"[15]；《孟子》中提出"仁者以天地万物为一体"，要求尊重生命，以仁爱之心对待自然，尊重爱护自然界一切生命的价值；庄子提出"天地与我并生，而万物与我为一"；管子提出"地者，万物之本原，诸生之根菀也"。这些思想都与乡村绿色发展所倡导的人与自然和谐共生的理念相契合。其次，人的活动必须遵从自然法则。老子在《道德经》中提出的"道法自然"思想强调万事万物的运行都要尊重自然规律，遵循自然法则。孔子也曾提出"断一木，杀一兽，不以其时，非孝也"[16]，庄

子提出了"四时得节，群生不夭"，以上这些思想都强调人应该与自然和谐共处，提倡人类的活动要在尊重自然的前提下进行，遵循大自然的规律，促进世间万物的和谐发展。这为当前我们国家推进乡村绿色发展、倡导乡村生态振兴提供了历史素材。

## （二）发展观："取之以时，用之有度"

古人主张对自然资源要适时适度取用，取之以时，用之有度。首先，适应自然，顺应天地之道。《吕氏春秋》中提出"春生、夏长、秋收、冬藏"，强调人的行为要适应自然，顺应天地之道；管子认为，要遵循自然变化进行生产，否则的话，"不务天时则财不生，不务地利则仓廪不盈"[17]；荀子提出"圣王之制也，草木荣华滋硕之时则斧斤不入山林，不夭其生，不绝其长也"，以此提倡顺应自然，适时取用。以上这些思想都要求适应自然规律，适时取用。其次，合理利用自然资源。孔子强调，对自然要取之有度，提倡节约资源，"子钓而不纲，弋不射宿"，"节用而爱人，使民以时"；管子提出"山林虽近，草木虽美，宫室必有度，禁发必有时"[18]。这些思想强调"取之以时，用之有度"，要求人们适应自然，认识到资源环境的有限特性，合理利用自然资源，适时适度取用。这告诫我们在追求经济利益时，要节约资源、保护环境，实现经济与环境保护协调发展。先人们"取之以时，用之有度"的思想财富为乡村绿色发展的形成提供了深厚的文化滋养，在乡村资源环境形势严峻的今天给我们以重要启迪。

## （三）生活观："俭约自守"

在生活方式上，孔子将节俭看作五大德行之一；墨子倡导"节用"，提出"节俭则昌，淫佚则亡"[19]，指出皇帝勤俭节约则推动国家繁荣昌盛，皇帝淫乱奢侈则国家就会灭亡，将"节用"提升至国家生死存亡的高度；荀子提出"强本而节用，则天不能贫……本荒而用侈，则天不能使之富"[20]；道家讲究"知足"，提倡"量腹而食，度形而衣"[21]；唐代诗人李商隐认为奢靡和勤俭是治国成败的关键要素，提出"历览前贤国与家，成由勤俭破由奢"[22]。这些思想都崇尚节俭，反对奢侈，表达了俭约自守的生活方式对治国治家的极端重要性，这与当前我国推进乡村绿色发展所倡导的节约适度、绿色低碳的生活方式和消费方式不谋而合，这些质朴睿智的生活观给人以深刻启迪。

当前，乡村绿色发展倡导人们树立绿色消费理念，形成绿色生活方式，这都可以在中华优秀传统文化的生态智慧中得到滋养。

# 参考文献

[1] 马克思.1844年经济学哲学手稿[M].北京:人民出版社,2000.

[2] 马克思.1844年经济学哲学手稿[M]//马克思,恩格斯.马克思恩格斯文集:第1卷.北京:人民出版社,2009.

[3] 恩格斯.自然辩证法:节选[M]//马克思,恩格斯.马克思恩格斯选集:第4卷.北京:人民出版社,1995.

[4] 马克思.《资本论》第一卷:节选[M]//马克思,恩格斯.马克思恩格斯选集:第2卷.北京:人民出版社,1995.

[5] 马克思.论土地国有化[M]//马克思,恩格斯.马克思恩格斯选集:第3卷.北京:人民出版社,1995.

[6] 马克思和恩格斯 书信[M]//马克思,恩格斯.马克思恩格斯选集:第4卷.人民出版社,1995.

[7] 马克思.资本论:第3卷.[M].北京:人民出版社,2004.

[8] 恩格斯.国民经济学批判大纲[M]//马克思,恩格斯.马克思恩格斯文集:第1卷.[M].北京:人民出版社,2009.

[9] 马克思.资本论:第1卷[M].北京:人民出版社,2018.

[10] 恩格斯.马尔克[M]//马克思,恩格斯.马克思恩格斯全集:第19卷.北京:人民出版社,2001.

[11] 恩格斯.瑞士共和国的政治地位[M]//马克思,恩格斯.马克思恩格斯全集:第9卷.北京:人民出版社,1961.

[12] 恩格斯.反杜林论[M]//马克思,恩格斯.马克思恩格斯文集:第9卷.北京:人民出版社,2009.

[13] 马克思.资本的生产过程[M]//马克思,恩格斯.马克思恩格斯全集:第47卷.北京:人民出版社,1979.

[14] 马克思.马克思致恩格斯[M]//马克思,恩格斯.马克思恩格斯全集:第31卷.北京:人民出版社,1971.

[15] 李毅婷,曾振宇.论语新注[M].北京:人民出版社,2015.

[16] 杨雅丽.《礼记》撷论[M].北京:人民出版社,2014.

[17] 管国全,龚武.管子治理之道[M].北京:人民出版社,2016.

[18] 管仲.管子[M].刘轲,李克和,译.哈尔滨:黑龙江人民出版社,2003.

[19] 二十二子[M].上海:上海古籍出版社,1986.

[20] 荀子[M].上海:上海古籍出版社,2014.

[21] 方勇.庄子学史:第1册[M].北京:人民出版社,2008.

[22] 刘林宗.政鉴[M].北京:人民出版社,2008.

[23] 毛泽东.毛泽东文集:第6卷[M].北京:人民出版社,1999.

[24] 1956年到1967年全国农业发展纲要:草案[J].中华人民共和国国务院公报,1956(5):87-95.

[25] 毛泽东.毛泽东论林业:新编本[M].北京:中央文献出版社,2003.

[26] 齐鹏飞,杨凤城.当代中国编年史[M].北京:人民出版社,2007.

[27] 邓小平.邓小平文选:第2卷[M].北京:人民出版社,1994.

[28] 1982年中央一号文件[EB/OL].[2024-10-16].https://www.crnews.net/zt/zyyhwj/lnzyyhwjhg/440269_20210209111856.html.

[29] 1983年1号文件:当前农村经济政策的若干问题[EB/OL].(2011-12-13)[2024-10-16].https://illss.gdufs.cn/info/1123/6624.htm.

[30] 中共中央文献研究室.改革开放三十年重要文献选读:上[M].北京:中央文献出版社,2008.

[31] 中共中央国务院关于加快发展现代农业 进一步增强农村发展活力的若干意见[M].北京:人民出版社,2012.

[32] 中共中央文献研究室.十六大以来重要文献选编:上[M].北京:人民出版社,2005.

[33] 中国21世纪议程:中国21世纪人口、环境与发展白皮书[M].北京:中国环境科学出版社,1994.

[34] 中共中央文献研究室.江泽民论有中国特色社会主义:专题摘编[M].北京:中央文献出版社,2002.

[35] 中共中央国务院关于积极发展现代农业 扎实推进社会主义新农村建设的若干意见[M].北京:人民出版社,2007.

[36] 中共中央国务院关于切实加强农业基础建设 进一步促进农业发展农

民增收的若干意见[M].北京:人民出版社,2008.

[37] 邓小平.邓小平文选:第3卷[M].北京:人民出版社,1993.

[38] 中共中央政策研究室农村组,中国农村杂志社.江总书记视察农村[M].北京:中国农业出版社,1998.

[39] 胡锦涛在人口资源环境工作座谈会上讲话原文[EB/OL].(2004-04-04)[2024-10-16.]https://www.gov.cn/ldhd/2004-04/04/content_11478.htm.

[40] 中共中央党史和文献研究院.习近平关于"三农"工作论述摘编[M].北京:中央文献出版社,2019.

[41] 中共中央文献研究室.习近平关于社会主义生态文明建设论述摘编[M].北京:中央文献出版社,2017.

# 第四章　新时代探索我国乡村
# 绿色发展道路的重要意义

　　20世纪80年代以来，我国乡村经历了一系列重大变革和发展，乡村整体面貌发生巨大变化，农民的生活水平得到较大提高。但这一系列发展和变化带来一些新的问题。过去，我们将"三农"发展的重点放在农民增收、农产品增值和农产品的产量上。在某种程度上，对农产品的质量、乡村的生态环境、可持续发展等方面的重视程度相对较弱。因此，乡村环境尚存在基础设施建设相对滞后、农药使用不合理造成农业面源污染量大面广、农村人居环境"脏乱差"、生态环境恶化、水土流失严重、耕地质量下降等现象。这些问题已经成为实现乡村振兴的薄弱环节，我国乡村发展向绿色转型势在必行。乡村走绿色发展道路是基于当前新背景、新机遇、新目标提出的符合我国基本国情的发展道路。坚持走乡村绿色发展道路不仅是有效推进我国乡村振兴战略的必由之路，同时，能够破解乡村经济社会发展与生态环境保护冲突问题，有助于挖掘农业农村发展的新动能，满足老百姓对美好生活的期待。

## 一、乡村绿色发展是破解新时代乡村社会发展矛盾的关键之举

　　中国特色社会主义进入新时代，我国社会主要矛盾已经转化为人民日益增长的美好生活需要和不平衡不充分的发展之间的矛盾，乡村是我国发展不平衡不充分最突出的区域。乡村绿色发展道路通过破解优质生态产品供给不足、优质农产品供给不足、城乡资源分配不均衡等问题促进乡村充分平衡发展。

## （一）破解优质生态产品供给不足问题

从资源、环境和生态需要的角度出发，人们需要的生态产品理应是资源性产品、环境性产品和生态性产品的内在统一，主要包括能源、矿产、水资源等，洁净的空气、洁净的淡水、生机盎然的自然生态植被、生态景观等。优质生态产品是指原生态、无污染，有益于人民身心健康和幸福生活的资源性产品、环境性产品和生态性产品的统称。我国农村生态资源丰富，是农村最宝贵的财富。在长期的发展中，农村生态环境保护被忽视，导致生态产品遭到严重浪费和破坏，不仅没有发挥农村生态资源优势，反而优质生态产品短缺成为突出问题。当前，我国人民对优质生态产品的需要日益增长，生态产品需要的满足所带来的生态幸福成为新时代人民幸福美好生活的新内容。乡村走绿色发展道路必须把实现美好的生态环境，让农民群体在良好生态环境中生产生活，获得生态幸福作为重要内容。新时代，党和国家在新形势下坚持以人为本，实施乡村振兴战略，要破解乡村优质生态产品供给不足问题，为更多人民提供优质的生态产品，就必须坚持走乡村绿色发展道路，以绿色为底色，努力改善乡村生态环境状况，让良好的生态环境成为乡村振兴的支撑点，为人民提供更多优质生态产品，让农民能够感受到天蓝、地绿、水清的美丽乡村。

## （二）破解优质农产品供给不足问题

农产品是人类赖以生产的基本物质资料。当前，我国人民对农产品的需要不仅满足于基本的吃饱喝足，更在于吃得美味、喝得干净。这就对农产品提出了更高的要求，不仅要数量充足，而且要色泽鲜美、口感丰富，以及符合绿色、安全、健康等要求。但是，长期以来，我国农村农业生产效率低，对农业质量把控不足，导致农产品始终存在质和量的问题。一方面，农产品供给不平衡；另一方面，农产品供给总体质量偏低。优质农产品供给不足不仅体现了农业绿色化、现代化建设的困境，而且极大制约着农民民生福祉。推进乡村绿色发展是基于人与自然和谐共处的乡村振兴道路，是实现农民民生福祉的重要途径。坚持乡村绿色发展，通过现代科学技术、管理经验、人才资源能够解决农业生产力效率低、资源消耗高、环境污染严重的问题，推动农业转型升级，生产出更多优质农产品，让老百姓吃得上健康食品，喝得上放心水，从而满足更广大人民的优质生活需要。

### （三）破解城乡资源分配不均衡问题

城镇和乡村是我国经济社会发展的一体两面，两者相互促进，共同发展。过去，在快速城镇化和工业化进程中，城市经历了高速发展过程，积累了丰富的人力、物力、财力、科技等资源，城市现代化水平得到显著提升。反观农村，经济建设、政治建设、文化建设、社会建设、生态建设存在突出问题，各方面内容与城镇相比差距明显，城乡发展不均衡问题十分突出。习近平总书记讲道："乡村振兴要靠人才、靠资源。如果乡村人才、土地、资金等要素一直单向流向城市，长期处于'失血'、'贫血'状态，振兴就是一句空话。"[1] 115因此，新时代必须推进乡村融合发展，破解城乡二元结构。坚持推进乡村绿色发展，通过保护农村生态环境来转变产业发展方式，提高农民生活质量，使农村成为一片大有可为的空间，吸引更多城市优质资源下乡，推动农业农村现代化建设，释放农村巨大潜力，从而实现乡村振兴。

## 二、乡村绿色发展是实现乡村全面振兴的必然选择

习近平总书记强调，"实施乡村振兴战略，一个重要任务就是推行绿色发展方式和生活方式，让生态美起来、环境靓起来，再现山清水秀、天蓝地绿、村美人和的美丽画卷"[1] 110。新时代推进乡村绿色发展必须坚持以习近平生态文明思想为引领，以新发展理念为指导，构建生态、生产、生活良性循环的发展体系，实现乡村绿色生态振兴、绿色产业振兴、绿色生活振兴目标，从而实现乡村全面振兴。

### （一）绿色生态振兴之路

新时代人民对美好生活需要日益增长，优质生态产品在人们的生活中逐渐变得不可或缺。走绿色生态振兴之路是实施乡村振兴战略，提供更多优质生态产品的必然选择。习近平总书记讲道："我们必须要处理好经济发展和生态环境保护的关系，把该减的减下来、该退的退出来、该治理的治理到位，使农村生态环境好起来。"[2] 90为此，党中央深刻认识到乡村生态系统的整体性，以乡村绿色发展为路径，从资源、环境、生态三个方面着手，通过

合理利用土地资源、水资源、树木资源等，严格保护部分稀缺资源和濒临灭绝的自然资源和生物；改善农村土壤污染、水污染、空气污染等，推进土壤治理、污水治理、空气污染治理；统筹山水林田湖草系统治理，建设稳定的田园生态系统。新时代，以绿色发展引领乡村绿色生态振兴之路，赋予了乡村绿色发展道路重要的内涵，为破解农村资源、环境、生态问题，构建人与自然和谐发展方式，实现乡村全面振兴提供了重要路径。

### （二）绿色产业振兴之路

产业振兴是乡村振兴的物质基础，产业兴，则经济兴、农村兴。新时代，乡村要实现产业振兴不能再走传统的先污染后治理的发展道路，而是要走生态优先的绿色发展道路。为此，必须改变传统的发展道路，走乡村绿色发展道路。绿色产业振兴之路是对当前传统产业发展道路的反思，是乡村绿色发展道路的重要内容。坚持以绿色发展引领乡村绿色产业振兴能够聚焦新发展理念，有针对性地解决当前农村生产方式、产业结构和生产环境发展存在的问题，通过引入科学技术和先进的管理理念，探索种植、养殖等高效衔接的生产方式，促进生产过程减量化、再利用、资源化；充分挖掘和拓展农业的多维功能，促进农业产业链条的延伸以及农业与工业、服务业的结合，生产更多农业加工产品，塑造以农业为基础的文化创意、观光旅游等，推动农村产业结构绿色化；完善生态补偿制度，采用机械化、信息化手段强化生态环境管控和修复，逐步改善农民工作环境，实现生产环境绿色化。新时代走绿色产业振兴之路是妥善处理农村产业发展与生态保护之间矛盾的必然选择，是推进乡村全面振兴的必由之路。

### （三）绿色生活振兴之路

乡村振兴的出发点和落脚点是为了农民生活更美好，要让农民有更多参与感、获得感、幸福感。过去我国农村发展的重心在于经济，忽视了对生态环境的保护，农民的生活质量和幸福感难以得到保障。习近平总书记讲道："良好的人居环境是广大农民的殷切期盼。"[2] 91绿色生活振兴之路是对农民美好生活诉求的回应，是乡村绿色发展道路的重要内容。坚持绿色发展引领农民绿色生活振兴之路，要按照人人尽责、人人享有的共建共享模式，努力提高农民参与农村生态治理的参与度，推进农村厕所革命、生活污水整治、生活垃圾综合处理等，让农民喝上干净水、呼吸上清新空气，持续改善农村人居环境；发展农村教育医疗养老事业，充分发挥农村生态环境的优势，推动农村基础设施提档升级。新时代坚持农民绿色生活振兴之路既是持续提高农民生活水平的必然要求，也是实现美丽宜居乡村的必由之路。

# 三、乡村绿色发展是满足农民美好生活需要的重要举措

乡愁是每个农民难以割舍的情怀，是最淳朴、最真挚的感情。习近平总书记在中央城镇化工作会议上明确指出，要"让群众望得见山、看得见水、记得住乡愁"。留住农民、守住乡愁就必须让农民感受到幸福，吃得好，穿得暖，住得舒心，幼有所养，老有所依。乡村绿色发展道路要坚持以人为本，以生态优先为原则，实现"三生"融合发展，让农民切实感受到生态幸福、生产幸福、生活幸福，最终留住农民、守住乡愁。

## （一）满足人民优质生态环境需要

生态需要是人们良好的生态资源的需要，包括蓝天、绿地、湿地、湖泊等。生态需要是在物质需要、文化需要等得到一定程度满足的基础上提出的新的需要，是新时代人们最迫切的诉求之一。习近平总书记讲道："对人的生存来说，金山银山固然重要，但绿水青山是人民幸福生活的重要内容，是金钱不能代替的。"[3] 当前，我国人民对优美生态产品的需要日益增长，生态产品需要的满足所带来的生态幸福成为新时代人民幸福美好生活的新内容。乡村振兴走绿色发展道路，必须把实现生态环境美丽，让农民群体在良好生态环境中生产生活，获得生态幸福作为重要内容。新时代，党和国家在新形势下坚持以人为本，实施乡村振兴战略，走中国特色乡村绿色发展道路，满足广大农民群体的生态幸福，使农民守住乡愁。

## （二）满足人民绿色生产劳动需要

生产是指人们为了满足基本的物质需要而进行的劳动活动。马克思认为劳动是人的本质，在未来共产主义社会里，劳动"给每个人提供全面发展和表现自己全部能力即体能和智能的机会"，从此劳动"就不再是奴役人的手

段，而成了解放人的手段，因此，生产劳动就从一种负担变成一种快乐"。[4]
生产劳动应该是美好生活的重要组成部分，但目前农村大部分农民为了生计
而劳动，劳动尚未成为农民最真实体验与普遍追求。新时代，推进乡村绿色
发展就是要形成绿色生产方式，满足人们劳动的需要，使广大农民群体在生
产中获得幸福感和满足感。

### （三）满足人民绿色美好生活需要

生活是人类最基本的活动，也是维持生命的基础。在日常生活中，人们
一切活动的最终目的都是更好的生活，感受到生活的幸福。这种生活的幸福
感不仅体现在满足基本的衣食住行的需要，而且在于舒心的环境、良好的氛
围，实现家庭和睦、安居乐业的生活状态。新时代，人们对生活幸福的理解
更加广泛，在基本物质生活需要得到满足的前提下，人们对精神生活、社会
生活的需要逐渐凸显。乡村绿色发展道路是在新时代农民对生活幸福提出更
高要求的基础上提出的发展模式，通过培育绿色生活方式，逐步改善农民的
生活环境和生活质量，从而满足农民对优美生活的需要，使广大农民群体在
优美的环境中感受生活幸福。

## 四、推进乡村绿色发展是实现中国梦的内在要求

中华民族伟大复兴中国梦的本质在于实现国家富强、民族振兴和人民幸
福，"两个一百年"奋斗目标、美丽中国建设、美丽乡村建设等都是其重要
组成部分，因此推进乡村绿色发展是实现中华民族伟大复兴中国梦的内在要
求。在中国共产党成立一百年时全面建成小康社会和新中国成立一百年时把
我国建设成为富强民主文明和谐美丽的社会主义现代化强国是我国的"两个
一百年"奋斗目标，乡村的振兴及农业农村的现代化是"两个一百年"奋斗
目标实现的重要基础。当前，第一个百年奋斗目标已顺利实现，在全面实现
中国式现代化的进程中，只有补齐乡村这块短板，才能真正建成中国式现代
化强国。要想补齐乡村发展的短板，必须坚持乡村绿色发展道路。推进乡村
绿色发展是贯彻落实新发展理念、建设美丽中国的必然要求。党的十八届五
中全会提出创新、协调、绿色、开放、共享的新发展理念，其中绿色发展理
念的提出深刻体现出中国共产党对国家经济社会发展规律的深刻认识，对绿

色循环的发展方式、绿水青山的生态环境、健康安全的绿色农产品提出了更高要求，同时建设美丽中国的美好蓝图也对生态环境提出了高要求，要实现美丽中国，必须实现美丽乡村，必须推进乡村绿色发展。

# 五、乡村绿色发展顺应了全球乡村绿色发展新潮流

随着城市化和工业化的发展，乡村衰落成为许多发达国家普遍的经历。为了应对乡村衰落，实现乡村可持续发展，大部分国家走上了乡村绿色发展道路，并形成了许多成功经验。我国作为发展中国家，坚持乡村振兴、走绿色发展道路是基于对国内外乡村发展成功经验的借鉴和吸取，顺应了世界乡村建设和发展的潮流。

## （一）乡村可持续发展问题的回应

实现乡村可持续发展问题是世界各国在发展过程中普遍要面对的问题，也是乡村发展中面临的难题。在全世界范围内，许多发达国家已经经历了乡村从衰退到振兴的过程，其中重要的转折点就是要探索一条乡村可持续发展道路。美国目前仍是世界上最发达的国家，其农业发展水平也十分突出。19世纪末，美国农业就进入了高速增长的阶段，在那个时期，乡村农业生产过程中化肥、农药的使用量达到了非常高的峰值。由此，20世纪初，美国农业主管部门开始思考未来农业发展之路应该怎么走，并在此后形成了三个发展阶段：第一阶段是20世纪60年代以前，是农业绿色发展的初期；第二阶段是20世纪60年代到20世纪90年代，是农业绿色发展快速发展时期；第三个阶段是20世纪90年代以来，是农业绿色发展成熟及突破的阶段，一系列的绿色农业保障制度和法律也是在这个阶段形成的。荷兰作为农业大国，与美国经历了相似阶段，20世纪80年代之前，农业发展进入瓶颈期，到80年代开始采取措施严格控制畜禽的养殖量；20世纪90年代，出台了类似"一控两减三基本"措施，严格控制肥料和农药使用；2000年以来，进入农业资源全面管理阶段。我国的乡村绿色发展道路与国外有相似的时代背景，是对当前乡村可持续发展问题的回应。

## （二）美丽宜居乡村建设的必然选择

美丽宜居乡村是世界各国共同的追求，是实现城乡共同发展的内在要求。在历史发展过程中，世界许多国家都面临严重的生态环境污染问题，这种生态环境污染问题不仅表现在城市，也表现在农村。为了解决城乡生态环境污染问题，世界各国努力改变传统发展道路，积极探索新发展道路。日本农村土地十分有限，但农村人口不在少数。20世纪60年代以来，为缩小城乡差距，促进乡村可持续发展和生态环境宜人，日本开始了一系列乡村复兴运动和计划，包括著名的"造村运动"等。除了日本，韩国也十分注重建设美丽乡村，在"新村运动"中重视农村基础设施建设，通过为农民提供各种水泥、木材等材料不断完善农村基础设施建设和村容村貌的改造。我国乡村绿色发展道路要顺应乡村发展规律，不仅有效借鉴国际先进经验，而且能够进一步推进实施乡村振兴战略。

## （三）人民美好生活需要的价值诉求

乡村建设和发展的最终落脚点始终在人民。无法满足人民的需要，无法使人民收获幸福感，乡村建设和发展就毫无价值。在世界发展过程中，许多国家在乡村建设和发展中都十分重视农民的感受，注重保护农民的权益，满足农民的美好生活需要。为了保护村民权益，满足村民的需要，日本在乡村建设发展过程中逐步形成了"自上而下"与"自下而上"相结合的模式。这不仅发挥政府在乡村建设和发展中的作用，而且发挥村民在乡村建设和发展中的作用，实现乡村共建、共治、共享。韩国在"新村运动"策划和实施的整个过程中，"如果没有村民的主动而积极的参与，新村事业不可能持续下去并取得显著成效"[5]。为此，韩国在乡村建设和发展中始终把保护农民权益，满足农民需要作为工作重点。我国在坚持乡村绿色发展道路中，把农民所想所求作为工作的重点，这是乡村绿色发展道路得以顺利推进的重要保障，也是乡村绿色发展道路的价值旨归。

# 参考文献

[1] 中共中央党史和文献研究院.习近平关于"三农"工作论述摘编[M].北

京：中央文献出版社，2019.

[2] 习近平.习近平著作选读：第2卷[M].北京：人民出版社，2023.

[3] 中共中央文献研究室.习近平关于社会主义生态文明建设论述摘编[M].北京：中央文献出版社，2017.

[4] 恩格斯.反杜林论[M]//马克思，恩格斯.马克思恩格斯选集：第3卷.北京：人民出版社，2012.

[5] 李仁熙，张立.韩国新村运动的成功要因及当下的新课题[J].国际城市规划，2016，31(6)：8-14.

# 第五章　新时代我国乡村绿色发展道路探索的现状

自 2017 年党中央提出乡村振兴走绿色发展道路以来，在党中央的引导下，在社会各界的共同努力下，乡村绿色发展道路的推进取得了积极成效，农村人居环境得到大幅改善，农村生态环境保护和修复工作进展顺利，村民绿色意识有所觉醒，农业政策绿色生态导向更加明确精细。但在我国乡村发展中仍然有与自然规律相背的行为，农村绿色生产、生态、生活建设还存在一些问题。笔者对辽宁地区、山东地区、江苏地区等一些乡村进行了实地调研和走访，并结合近年来国家的相关统计数据，对我国乡村绿色发展的现状进行了分析和探讨。

## 一、探索乡村绿色发展道路取得的成绩

党的二十大报告指出："尊重自然、顺应自然、保护自然，是全面建设社会主义现代化国家的内在要求。必须牢固树立和践行绿水青山就是金山银山的理念，站在人与自然和谐共生的高度谋划发展。"并提出"建设宜居宜业和美乡村"新目标。从美丽乡村到和美乡村，乡村振兴不断取得实质性进展和阶段性成果，主要集中表现在四个方面：一是农村生态环境保护和修复工程进展顺利并成效可观；二是农村人居环境得到有效改善；三是农业政策绿色生态的导向更加明确精细；四是村民绿色意识逐步觉醒。

### （一）农村生态环境保护和修复工程进展顺利并成效可观

保持良好乡村生态环境是乡村发展的重要前提。随着我国乡村绿色发展的推进，乡村生态环境保护和修复工作逐步展开并取得了一定成效，乡村生

态环境质量持续好转，有效促进了乡村生态环境与经济发展协同共进。

## 1. 退耕还林与水土流失治理成效显著

耕地生态系统发展状况关乎国家粮食安全，而森林生态系统是确保耕地生态系统良好发展的重要保障。新中国成立以后，我国以经济建设为中心，大量开发耕地，导致乡村的生态系统受到一定损害。近年来，为了使耕地、林地、牧草地等占比更加合理，我国开始实施大规模退耕还林还草、天然林保护工程。《中国退耕还林还草二十年（1999—2019）》白皮书显示，20年来我国实施退耕还林还草5.15亿亩，成林面积占全球同期增绿面积的4%以上。[1] 2023年3月12日，全国绿化委员会办公室发布《2022年中国国土绿化状况公报》。公报显示，我国森林覆盖率达到24.02%，森林面积达2.31亿公顷。[2] 我国退耕还林成效显著，既有利于涵养水源，又改善了乡村环境质量，为乡村带来了巨大经济效益和生态效益，同时提高了农民的生活质量。治理水土流失对土地生产力提升和乡村生态环境改善具有重要作用，在人口激增、粮食需求量激增时期，农业生产效率低下，农耕技术落后，农民过度开垦土地，导致土地利用不合理、滥伐森林现象普遍，从而引发了水分、土壤的双重流失。不仅加剧了生态环境的破坏和水土流失问题，还引发了生态系统的恶性循环。近年来，按照多举措协同治理的原则，采取水平梯田、造林种草、封山育林育草等各种治理措施，我国水土流失有效治理面积呈现逐年上升态势，1949—2019年，70年间我国水土流失治理面积达131.5万平方千米。2023年全国水土流失动态监测显示：全国水土流失面积下降到262.76万平方千米，较2022年减少2.58万平方千米，减幅0.97%，减少量和减幅较上年度有所扩大[3]，我国生态系统质量和稳定性持续向好。

## 2. 水域和草原生态系统呈现良好态势

水和草原是地球生态系统的重要组成部分，人类的生存和发展离不开水域和草原生态系统的支撑。

水域生态系统是资源、环境与经济协调发展的关键要求之一。近年来，我国水域生态系统的改善呈现良好态势，水污染得到有效治理。据统计，2021年全国地表水监测的3632个水质断面点位中，Ⅰ～Ⅲ类水质断面点位占比高达84.9%，比2020年上升1.5%，有效保障了乡村居民的生活用水安全；Ⅳ类和Ⅴ类占比14%，有效保障了乡村生态景观和农业生产用水；劣Ⅴ类仅占1.2%。[4] 这些数据表明我国水域生态系统环境呈现日趋向好的发展态势，水域生态系统的改善既为乡村的发展提供了水资源的保障，又净化了乡村的生态环境。良好的水域生态环境是保障乡村绿色转型有效的重要基础。

草原是一种重要的生物资源，对于全球生态平衡、净化水源、防止水土流失、调节气候等方面发挥重要作用。草原也是我国农牧民赖以生存的生产生活资源，不仅是物质产品的生产地，也是生态服务产品的提供地，维护草原生态系统对乡村绿色发展至关重要。近年来，我国深入开展实施退牧还草、人工种草等生态修复工程，推进退化草原综合治理。截至2021年，累计种草改良1.7亿亩，草原禁牧面积达12亿亩、草畜平衡面积达26亿亩[5]，草原退化趋势得到初步遏制；同时，第三次全国国土调查主要数据成果显示，全国草地面积26453.01万公顷[6]，草原灾害面积呈现逐年递减趋势，生态系统修复良好。

### （二）农村人居环境得到有效改善

农村人居环境主要是指在乡村区域内，农民生产、生活所需的一切物质与非物质的有机结合体。一直以来，我国一些地区乡村已经成为污染的重灾区，人居环境呈现"脏乱差"的局面。近年来，党和政府高度重视农村人居环境改善工作，始终坚持绿色发展理念，把改善农村人居环境作为建设社会主义新农村的重要举措和乡村振兴重要内容，接连发布了《农村人居环境整治三年行动方案》《农业农村环境污染治理攻坚战行动计划》等相关文件，并实施相关配套环境改善措施，对乡村垃圾、污水、厕所等进行了专项整治，极大改善了乡村居民的生活环境。

#### 1. 村容村貌发生变化

近些年，乡村基础设施建设全面提速，乡村基本公共服务供给和绿化、文化、卫生等事业得到全面发展。整体来看，乡村的环境、卫生得到较大程度改善，村民的生活质量大幅提升。乡村休闲娱乐设施、网络通信等生活设施和文化广场、医疗卫生等基本公共服务设施建设逐步完善。党和政府积极推进乡村人居环境整治工作，在开展乡村"塑形"行动的同时，不断加强乡村河湖清洁、闲置地绿化等专项行动，加大力度整治提升乡村道路、庭院以及公共空间的绿化度。充分利用乡间小道两旁的空闲土地、自家门前的闲置土地开展植树种草种花等绿化项目，对于有条件的乡村还建造了公园绿地，乡村绿化建设取得显著成效。随着乡村治理工作的开展，全国具备条件的乡、镇乡级特殊区域逐步实现通硬化路，改变了以往尘土飞扬的乡村路况。对于村里破坏严重的街道，上级组织专人进行相应的治理和维修，村里张贴的宣传语呈现积极向上的氛围，乡村文化环境得到了较大提升。2021年底，我国共有乡镇卫生院3.5万个，村卫生室59.9万个[7]，基本实现了乡村医疗全覆盖，农村"脏乱差"的旧面貌有所改善，乡村的基础设施逐渐完善。

### 2. 生活垃圾、污水有效治理

生活垃圾、污水关系到乡村环境卫生，直接影响村民生活质量。乡村生活垃圾和污水的有效处理是推进乡村绿色发展的重要内容之一。近几年，乡村采用绿色循环的方式对生活垃圾进行处理，建立了一些符合农村实际、方式各样的垃圾处理体系，着重整治了以前出现的垃圾山、垃圾围村围坝、垃圾焚烧、垃圾填埋等现象。按照相关部署，农村生活垃圾分类试点工作和生活垃圾收运处置体系取得了明显成效，我国农村生活垃圾处理率呈现逐年递增趋势。其中，建制镇的生活垃圾处理率和生活垃圾无害化处理率已经从2019年的88.09%和65.45%分别增长至2024年的94.93%和86.06%。2024年全国乡村的生活垃圾处理率和生活垃圾无害化处理率较2019年分别提高了6.84个百分点和20.61个百分点。[8]同时，近年来，国家高度重视生活污水整治问题，出台了一系列政策措施，极大程度上缓解了乡村生活污水乱排问题。污水处理能力显著提高，2023年建制镇污水处理率和污水处理厂集中处理率分别是67.71%，58.84%，较2019年分别上升49.5个百分点和46.13个百分点。[8]这些数据对比反映出我国乡村五年来生活污水处理水平大幅提升。

### 3. 厕所革命成效显著

厕所问题是衡量文明的重要标志，也直接影响乡村的人居环境。2018年以来，农业农村部、国家乡村振兴局会同有关部门，指导各地切实抓好农村改厕这一重要民生工程。全国各地因地制宜进行改厕工程。"小厕所，大民生"，厕所虽小，却关乎人居环境、村容村貌以及农民健康。改厕是补齐乡村民生短板的重点工程之一，当前乡村改厕工程较之前有很大进展。截至

2021年底，全国农村卫生厕所普及率超过70%，其中，东部地区、中部城市近郊区等有基础有条件的地区，农村卫生厕所普及率超过90%。[9] 这一数字表明，随着农村厕所革命的持续推行，我国农村改厕工作取得了显著成效，这对于改善乡村的环境卫生状况有重要推动作用。

### （三）农业政策绿色生态的导向更加明确精细

农业政策是政府基于国情为实现一定的社会、经济和农业发展目标，对农业整个发展过程中的重要方面及环节制定并采取的一系列有计划有安排的措施和行动的总称。农业作为国民经济的第一产业，在整个国家发展中占据基础性的重要地位，也是"三农"问题之一。21世纪以来，党中央已连续印发21个以"三农"为主题的中央一号文件，对我国的农业农村农民发展都产生了深刻影响，同时见证了我国农业政策的变迁。近年来，随着我国提出农业供给侧结构性改革并加快转变农业发展模式，突出绿色发展理念，我国的农业政策绿色生态导向性更加明确精细。

一是农业补贴政策体现绿色生态导向。2016年11月1日，中央全面深化改革领导小组审议通过了《建立以绿色生态为导向的农业补贴制度改革方案》，要求有关部门和地方牢固树立绿色发展理念，围绕保障粮食安全、农民增收和农业生态环境保护等目标，突出绿色生态导向，进一步提高农业补贴的精准性、指向性和实效性，把政策的目标由数量增长转为数量质量生态并重。2018年农业扶持方向及国家支农政策补贴更进一步体现了绿色生态导向，鼓励并扶持农业绿色发展。

二是农业金融政策体现绿色生态导向。绿色金融又称环境金融或可持续性金融，近年绿色金融在乡村绿色发展中起着重要作用，初步取得成效：绿色信贷在绿色农林业及农业科技发展等方面的规模稳步增长；绿色债券在农业绿色发展上初步提出建立专项债券；绿色基金支持农业绿色发展的力度不断提升；绿色保险政策支持农业保险，2018年中央财政提供农业保险保费的品种15个；各地政府对农业绿色金融政策重视度不断提升。

三是农业科技政策体现绿色生态导向。近年农业供给侧结构性改革要求转变农业发展模式，对绿色生态的农业科学技术提出了更高要求，党中央和政府也出台了一系列农业科技相关的政策要求，如培育先进的育种技术、灌溉技术、耕地保护和质量提升技术、测土技术、畜牧粪类资源化技术、农药监测和使用技术、秸秆资源化技术、农膜回收利用技术等，涵盖高效绿色农业模式的方方面面。

四是农业法律政策体现绿色生态导向。近年我国虽未建成完善的绿色农业法律政策，但已初显成效：《中华人民共和国农业技术推广法》《中华人民共和国农业机械化促进法》《中华人民共和国草原法》《中华人民共和国畜牧法》《中华人民共和国农产品质量安全法》《农药管理条例》《畜禽规模养殖污染防治条例》《生态红线管理条例》等法律法规都体现了绿色生态导向。

## （四）村民绿色意识逐步觉醒

因我国乡村生态化起步较晚，农民生态环境保护意识较弱，在以往的农业生活生产中一味地向自然索取，导致部分乡村沙漠化日益严重、淡水资源日渐匮乏、森林资源严重破坏、野生动植物大量灭绝、海河污染日趋广泛、农药污染日益严重、温室效应不断增强、自然灾害频繁发生等严重后果，这不仅影响了人们的健康，甚至给人们的生命带来了伤害。这些后果逐渐让人们清醒地意识到尊重自然、顺应自然和保护自然的重要性。缺乏生态保护意识，背离绿色发展理念的社会，其繁荣发展只能是昙花一现，其破坏自然的行为必会让人们付出惨痛的代价。对此，党和政府深刻认识到生态环境建设的重大意义，出台了一系列关于生态环境治理和生态环境保护的政策措施，同时，党和政府多次在不同场合向社会发出绿色发展的倡导。2005年，时任浙江省委书记的习近平同志在安吉县余村考察时提到，"我们过去讲既要绿水青山，又要金山银山，实际上绿水青山就是金山银山"，即"两山论"[10]，倡导人们要正确处理保护生态和经济发展之间的关系。2013年，习近平总书记在海南考察时提出："良好生态环境是最公平的公共产品，是最普惠的民生福祉。"[11] 在党和政府的政策引导下，乡村在生产生活中贯彻绿色发展的主动性和自觉性不断增强。

### 1. 乡村环保宣传力度增强

近年来，乡村关于环境保护的宣传随处可见，在乡村重要公路旁、居民房屋墙壁上，时常可以看见由乡镇宣传办公室涂刷的"环境保护""绿水青山就是金山银山""打造生态××"等宣传字样，有部分乡镇制作了绿色发展、生态保护相关的宣传单，以户为单位印发给村民。随着宣传力度的不断增强，人们逐渐意识到"绿色""生态"的重要性。村民在乡村生产生活中，逐渐开始有意识地摒弃以前浪费资源、破坏环境的行为，更加自觉主动地将绿色发展新理念贯穿于生产生活中。

2. 农业生产绿色化成重要追求

随着绿色发展理念的不断推进，农业生产逐步追求绿色发展导向，一些乡镇大力发展特色生态农业，打造绿色特产，形成"一村一品"的发展格局，主要品类以绿色蔬菜、绿色水果、安全粮食、生态药材、绿色花卉为主。在农业生产中，对于化肥和农药使用量严格控制、农用薄膜的回收利用率要不断提高、植物秸秆处理技术要不断加强，这一系列举措，加快推进了农业生产方式由以前的过度消耗向绿色发展转变，也促使农产品由以"量"为重转向以"质"为重。除此之外，乡镇还支持和鼓励农企合作，秉承绿色发展理念，推进先进技术应用，实现农业生产绿色环保、农产品绿色安全。乡镇对农业生产绿色化的追求不仅有利于当地生态环境的自然恢复，还能让农民享受到绿色农产品带来的更高收益，从而进一步增强了乡村农业生产贯彻绿色发展的主动性和自觉性。

3. 农民生活绿色健康成基本标准

矛盾是推动事物发展的源泉，进入新时代以来，我国社会主要矛盾发生了变化，随着农村居民收入的不断增加、生活的逐步改善，尤其是全面建成小康社会后，人们基本的物质文化生活需要得到满足，对于美好生活的需要不断增加，绿色健康的生活方式也成了人民最关心的问题之一，生活环境成为衡量生活质量的重要标准。人们意识到环境保护和绿色发展与人们生活息息相关，认识到绿色发展方式的重要性和紧迫性，这一认知促使乡村居民对传统粗放型生产生活进行反思，农村居民开始逐渐转变生产生活方式，迈向绿色转型之路。对乡村良好空气质量的要求促使村民逐渐意识到城郊工业废气随意排放、农作物秸秆随意焚烧、生活垃圾随意丢弃的危害；对乡村生活用水清洁的追求促使农民逐渐意识到生活污水随意排放、畜牧粪便随意堆放的危害；对饮食绿色、安全、健康的追求促使农民逐渐意识到农药使用过度、化肥使用超量的危害。对于美好生活的向往，逐渐让农民更加自觉主动地贯彻绿色发展理念、践行绿色生产生活方式，主动告别过去"先污染后治理"的老路，逐步形成绿色低碳的生产方式和生活风尚。

# 二、新时代推进我国乡村绿色发展中的困境

乡村全面振兴是将绿色发展理念融入乡村生产生活的过程，绿色发展是途径，也是发展观上的一场深刻革命。尽管我国在推进乡村绿色发展进程中已取得了瞩目成就，但也应该清楚地认识到，新时代我国农业农村进入新的发展阶段。同时，我国乡村呈现地域广阔、人口众多、地区差异大等特点，想要以绿色发展引领新时代乡村振兴，必须厘清当前乡村绿色发展不断向前推进的过程中存在哪些问题。

## （一）绿色循环的发展方式没有转变

绿色循环发展方式是我国突破资源环境困境、调整农业经济结构、改变传统发展模式、实现资源环境可持续发展的必然选择。当前我国乡村振兴面临一个极为重要的问题：传统的乡村发展模式没有发生根本性转变，依旧存在"治标不治本"现象。

从农业生产方式上看，虽然我国部分乡村发展较快，农业生产逐步实现绿色生产，但是整体上仍然处于农业生产的原始阶段，土地利用效率不高。例如，中西部山地、高原地带，因受自然地理环境和经济水平的限制，农业生产仍然是以家庭为单位的小规模形式。这种传统的小规模的粗放的农业生产方式难以在短时间内从根本上实现以节约资源、保护环境为主的绿色循环发展方式。主要问题：一是农业生产集约化程度较低，难以形成现代化的农产品生产链，尤其是在中西部贫困地区，没有建立起现代化农产品的生产链，农民对于循环、低碳、绿色的现代农业生产和经营积极性都不高，所以绝大多数家庭的农业生产还是以自给自足为主。二是资源浪费严重，传统的粗放式农业，难以实现资源循环综合利用和节能减排资源，所以资源综合回收利用效率和水平都偏低。比如农业生产过程中的秸秆，它在现代科技的指导下，本可以制作成饲料、肥料、能源等实现回收再利用，但是粗放的小农户因为无法形成规模，且科技利用成本较高，所以大量秸秆只能焚烧处理，这不仅浪费了秸秆资源，更加重了环境污染。除秸秆外，农业生产过程中的土地资源、水资源、农膜等，因传统生产方式的弊端而难以实现真正的绿色

循环生产。三是环境污染严重，在传统的粗放式农业生产过程中，农民为粮食增产增收滥用化肥农膜农药，虽然国家大力提倡发展绿色循环有机农业，但是部分农民还是为追逐利益最大化，在农业生产过程中使用大量农药化肥。农药化肥大量使用、植物秸秆处理不合理、灌溉水资源浪费等行为仍然没有得到有效遏制，造成土壤肥力下降、水资源浪费、空气污染、生态破坏等环境问题，加之绿色循环模式初始成本较高，所以难以进行统一化管理，难以实现绿色循环。

从农民生活方式上看，我国农村农民虽然践行绿色发展的自觉性和主动性显著增强，但是离实现绿色低碳循环的生活方式还存在相当大的差距。就农民生火做饭和取暖方式而言，绿色循环低碳的生活方式要求农民应该采用污染较小的能源甚至清洁能源（如电、天然气或者沼气等），部分地区地方政府也出台了相关禁止焚烧煤炭或草木的政策。但是就我国农村的实际情况来看，农民为节约较高的电和天然气成本，基本都会采用不需要成本的草木焚烧方式，尤其是北方冬天家里的暖炉、南方冬天家里的火盆，这种用煤炭或者草木做饭、取暖的方式一直延续，并未从根本上形成绿色低碳循环的生活方式。就农村的习俗而言，要转变成绿色循环低碳的生活方式也面临诸多困难。比如，南方某些地方有新年前熏制腊肉腊肠的风俗，会有大量的柏树枝被砍伐燃烧，导致整个城乡在一段时间内大气被严重污染、空气中也弥漫着浓重的烟熏味。再如，现在节日或婚丧嫁娶等特殊时刻的烟花爆竹燃放，不仅造成了空气污染，也造成了严重的生活垃圾污染。我国乡村振兴要走绿色振兴之路，就要转换乡村绿色循环的发展方式。国家、地方政府及农民都应当着力发展绿色循环农业，强化节能减排和农村生产生活资源的综合利用，为转变绿色循环的发展方式作出更进一步的努力。

## （二）农业科技的开发和运用不充分

农业科技主要是指适用于农业生产以及农产品加工等方面的科学技术，主要包括种植技术、养殖技术、化肥农药使用技术、高效农业生产技术等方面。我国农业发展最终还是要依靠农业科技的开发与应用，尤其是我国农业要实现合理开发资源、保护环境，促进农业可持续发展和人与自然的可持续发展，最根本的出路就在于科技进步。但是目前，我国农业在践行绿色发展过程中的科学技术开发和运用并不充分，主要体现在以下六个方面。

1. 节水农业科技开发与应用不充分

我国水资源短缺、分布不均、浪费和污染严重、利用率低等问题一直存在，另外，我国现有的农田水利设施普遍存在标准低、配套差、老化失修、功能退化、灌不进、排不出等问题，所以农业节水技术有待发展，尤其是农业灌溉技术。2022年度全国国土变更调查初步汇总结果显示，以2022年12月31日为标准时点，全国耕地面积19.14亿亩[12]，全国灌溉耕地面积达10.55亿亩，耕地灌溉率达到55%。此数据可以反映出我国节水灌溉还应进一步加大开发、创新和应用技术。

2. 农用薄膜研发和使用技术有待加强

当前我国农业生产为了控制成本，绝大多数农户及农业基地都使用了难以降解的塑料薄膜，且随着大棚产业、温室产业的大力发展，农用薄膜的使用量不断增加。国家统计局数据显示，1994—2020年，中国塑料薄膜用量居高不下，年增长率约为6.51%。[13] 这些难以降解的塑料薄膜是加重乡村环境污染的重要源头之一，所以加强降解薄膜的研发应用技术、提升农用塑料薄膜的循环再利用手段、建立农膜回收鼓励机制体制等是当前解决农膜残膜回收困难、农业实现绿色发展和生态环境保护治理的重要途径。

3. 农作物秸秆有效回收利用技术研发与应用不充分

我国农作物秸秆产量大、分布广、种类多，是长期以来农民生产生活的重要资源，尽管我国在秸秆处理方面已取得了一定进展，但这些成果主要集中在全国少数大规模的农业生产基地和个别试验基地。由于秸秆总量大、回收利用技术不成熟、回收成本高昂及对自然环境的潜在影响等因素制约，我国有的粗放型小规模农业生产形式在推广秸秆回收再利用技术方面面临挑战，秸秆焚烧处理仍为常见做法，而这一做法加剧了大气污染问题，因此，迫切需要加强针对不同地域条件的秸秆回收技术和再次利用技术的研发与应用，以促进能源的循环使用，减少环境污染。

4. 农药化肥的控制和使用技术有待加强

现阶段，我国农业增长依旧过度依赖于农药化肥，农药化肥的使用量虽然得到有效控制，但是农药和化肥的使用格局总体上并未得到扭转，高投入、低利用致使农村土壤污染、水污染、农产品非安全绿色健康等问题日益严重。国家统计局数据显示，近10年来我国化肥施用折纯量总体呈上升趋势，是世界化肥施用强度最高的国家之一。2022年，全国农用化肥施用总量5079.2万吨（折纯），较2021年减少2.15%，连续七年保持下降趋势，但是总量依旧较大。近10年我国农药用量总体呈上升趋势，作为一个农作物病虫害频发、重发的大国，控制病虫害的主要手段仍是化学防治，自2013年来用量相对稳定，但是2015年总量还是达到178.3万吨，所以农药化肥的控制和使用技术、农药化肥无扩大污染等技术有待加强。[14] 化肥农药过度依赖、使用不科学不合理、废弃包装物随意丢弃，都导致化肥农药在土壤和水体等环境中不断富集，成为农业面源污染主要原因之一。

### 5. 畜牧养殖和粪便处理技术有待提高

虽然我国现在村村户户散养畜牧的模式有很大控制和改善，但小规模的养殖农场和基地大量增加。当前我国绝大多数养殖场存在标准化程度不高、服务体系不完整、投资大、风险大、污染高等困难，尤其是因受到养殖规模和成本的限制，解决畜牧养殖的污染问题面临很大困境，主要体现在两方面：一方面，养殖过程中饲料添加剂、促生长剂、兽用药品等不合理使用，会严重危害到畜牧农产品的无公害、绿色、健康、安全；另一方面，养殖废水、废弃物、畜牧排泄物等未经科学处理随意排出，会对空气、水源、土壤等产生极大污染。随着畜牧养殖和加工产业的不断发展，要想实现生态养殖、养殖现代化，必须进一步开发畜牧养殖和粪便处理等技术。

### 6. 沼气技术的运用不充分

沼气是人畜粪便、秸秆、污水等各种有机物在密闭的沼气池中通过无氧条件发酵产生的气体混合物，特性与天然气相似，可以直接用于燃烧、照明、供暖、内燃机燃料等。沼气还可以生产甲醇等化工原料，经沼气池发酵后排出的料液和沉渣也可以作为肥料和饲料。沼气技术是解决乡村环境污染问题和综合利用乡村资源的重要途径，而且我国有较为成熟的沼气技术，但是目前这项技术因为成本限制、修建技术未广泛普及等应用并不充分。据统计，截至2022年底，我国户用沼气存量1480.43万户，实际利用416.41万户。[15]

除以上六个方面外，笔者认为作物良种技术、绿色有机农产品加工技术、生态环境建设技术、防沙治沙技术等都是我国乡村振兴过程中要贯彻和践行绿色发展的重要途径，所以农业科学技术开发和运用需要进一步提高。

### （三）农村生态环境恶化未得到根本遏制

农村生态环境系统作为农村绿色发展的自然体系，是实现乡村绿色发展的重要目标。近年来，虽然我国农村生态环境保护和修复工程取得显著成效，生态环境质量得到持续好转，但相当一部分乡村的生态问题没有得到根本性解决，生态环境破坏、生态系统弱化退化等现象没有从根本上得到遏制，具体体现在以下四个方面。

#### 1. 森林资源数量和质量总体不高

森林位于自然生态系统的顶层，是陆地生态的主体和重要资源，也是人类生存发展的重要生态保障。2022年度全国国土变更调查成果显示，虽然近年来我国通过人工造林等行动使森林资源总量有所提升，达到2.84亿公顷，2023年全国全年完成造林399.8万公顷，成效显著。[16]森林覆盖率达到24.02%，但是与世界31%的森林覆盖率还存在较大差距。因我国人口数量庞大，人均森林占有量与世界平均占有量相比，存在较大差距，另外，我国森林资源还面临着森林火灾、空间分布不均、扩种空间有限、种植难度大等问题。

#### 2. 草原生态恶化趋势未根本扭转

草原是全国面积最大的陆地生态系统和生态安全屏障，是实现农村绿色发展的主战场之一，也是生态文明建设的薄弱之处。《2017中国生态环境状况公报》显示，2017年我国草原面积近4亿公顷，约占国土面积的41.7%，全国草原火灾发生58起，受害面积达0.31万公顷，全国草原鼠害、虫害危害面积分别为2844.7万公顷、1296.1万公顷，分别约占全国草原总面积的7.2%、3.3%。[17]除此之外，我国草原生态还面临着其他问题，如草原质量普遍偏低、草原畜牧超载普遍存在、草原占用并未彻底扭转、草原违法案件持续不断等。

### 3. 水域生态污染形势依旧严重

保护和治理水域生态是我国实施乡村振兴战略的另一主战场。虽然我国水资源丰富，但是人均占有量不高。以2023年为例，我国水资源总量达到25782.5亿立方米，人均水资源量为2300立方米，仅占世界人均水资源的四分之一，相对而言，我国属于水资源短缺国家。另外，当前我国水资源还存在时空分布不均、水污染严重、水域生态系统退化等问题。《2017中国生态环境状况公报》显示，全国地表水1940个水质断面中，Ⅰ~Ⅲ类水质断面占67.9%、Ⅳ~Ⅴ类占23.8%、劣Ⅴ类占8.3%，其中黄河、松花江、淮河、辽河流域轻度污染，海河流域中度污染；对全国2145个地下水测站点开展水质综合评价监测，水质为优良、良好、较好、较差和极差的监测点分别占0.9%、23.5%、0%、60.9%和14.6%。[17] 在水域生态污染当中，固体物、锰、"三氮"、重金属和有毒有机物等污染严重超标。

### 4. 土地生态系统过度开发和退化

虽然近年我国在耕地整治、土壤治理等方面取得成绩，但是我国的土地生态系统尤其是耕地系统依然面临严峻形势：耕地质量偏差。《2019年全国耕地质量等级情况公报》显示，全国耕地平均质量等级为4.74等，评价为一至三等的耕地面积为6.32亿亩，占耕地总面积的31.24%；评价为四至六等的耕地面积为9.47亿亩，占耕地总面积的46.81%；评价为七至十等的耕地面积为4.44亿亩，占耕地总面积的21.95%。其中，七至十等的耕地的基础地力相对较差，生产障碍因素突出，短时间内较难得到根本改善，应持续开展农田基础设施建设和耕地内在质量建设，我国这部分耕地面积占总耕地面积的五分之一。[18] 另外，全国耕地撂荒现象严重，尤其是务工大省，农民进城务工，村里耕地基本荒废。

总体而言，我国农村生态环境虽然通过采取退耕还林还草、水土流失治理、农业面源防治、水污染治理等积极措施取得了成效，但由于资金投入、经济落后、传统模式和传统习俗等的影响，农村生态环境的破坏和退化未得到根本遏制，还需要进一步保护和治理农村生态环境。

## （四）农村人居环境未得到根本扭转

自2005年党中央提出新农村建设以来，我国已经连续近20年对农村进行大量投入，虽然农村人居环境的改善取得了一定成效，但是大多数乡村未能真正经得起时间考验、从根本上改善村容村貌。调研走访发现，大部分乡村基本还是老样子，只是把"面子"进行了改善，而"里子"变化并不大。乡村人居环境存在的问题主要体现在以下五个方面。

### 1. 农村人力资源状况急速下降

乡村振兴，人才队伍建设是关键。实施乡村振兴战略不仅需要政府的规划和带头，更需要广大乡村农民的积极有效参与，而广大青壮年正是乡村现代化建设的主力军，但随着城镇化进程的不断加速，我国农村人口的数量和质量都在迅速下降。

从质量角度来说，大量青壮年进城务工导致农村年龄和性别结构都严重失衡，留守在农村的空巢老人、妇女、儿童成为农村建设的主力军，缺乏活力和生机，整个农村呈现一片萧条的景象，导致乡村振兴的内生动力严重不足。以辽宁省沈阳市为例，2020年，沈阳市有1541个行政村，村民小组共计10769个，全市辖区内农村常住居民共计807959户，村委会成员共计6054人，村委会成员的平均年龄为49.2岁。村委会成员中拥有大专以上学历的有1405人，占比23.2%；达到高中学历水平的有1830人，占比30.2%；获得初中学历的有2795人，占比46.2%；小学学历24人。由此可见，在沈阳市辖区内全体村委会成员中，高中及以下学历占比超过70%，其中，村委会成员是基于村民自治制度，经过村民选举产生的、一个村里的文化程度相对较高的成员，从整体上来讲，乡村居民普遍呈现出老龄化严重、受教育水平不高等现象。乡村居民普遍受到文化、信息、智力等因素的限制，始终对乡村绿色发展了解不深刻，没有真正认识、领会到绿色乡村"共建""共享"的深刻内涵，从而导致农村居民普遍缺乏主动参与基层治理的意识。上级相关部门在颁布一些惠民政策和乡村绿色发展方面的政策时，缺少主动问政于民、问计于民的过程，村民参与到制度设计中的机会较少，在制度上没有形成让村民能够对政策做出选择并参与决策的过程，影响了基层群众参与的积极性。

从人口数量的角度来说，随着工业化和城镇化的进程加快，农村人口常年负增长。第二产业、第三产业迅速发展，大量农村劳动力涌入城市，有能力的基本带走自己的老人、孩子，全家进入城市生活，导致农村普遍出现老龄化和空心化现象，还出现农村土地、宅基地闲置严重现象。当前，乡村这种老龄化、空心化、文化水平偏低现象是实施乡村振兴战略面临的重大困境之一。

### 2. 农村生活垃圾处理不彻底

随着农村生活水平的提高，各种各样的生活垃圾和难以降解的塑料垃圾与日俱增。虽然第三次农业普查显示截至2016年末我国生活垃圾集中处理或者部分集中处理的乡镇和村分别占90.8%和73.9%，但是集中处理的形式还是存在很大问题。主要体现在以下方面：一是垃圾分类不彻底。多数乡村地区并未建立起生活垃圾分类体系，厨余垃圾处理技术尚不成熟，根据实地调研来看，当前农村生活垃圾分类前、中、后端处理环节并未实现全面打通，相应体系尚未形成。尽管很多地区已经启动了面向村民的垃圾分类的宣传与教育，但是从中端分类运输到末端分类处理阶段仍面临诸多挑战。一个普遍存在的问题是尽管村民努力将垃圾分类投放，但环卫工人时常会将分类好的垃圾统一装入一个垃圾车进行运输，这一做法极大挫伤了村民参与垃圾分类的积极性。此外，有些农村地区正在探索厨余垃圾的处理方式，但总体上当前相关技术很不成熟，导致后端垃圾分类处理仍面临不少困难。二是部分农村没有垃圾处理的专门机构和设施，有的村庄因没有自然沟壑，垃圾倾倒随处可见。即使部分村庄配备了垃圾箱，但因数量不够或者布点不合理，或者管理不到位，发挥不了收集的作用，如果不能及时清运，卫生面貌自然不美观。三是多数村民环保意识不强。受传统生产生活方式的影响，群众的环境保护意识还需提高，群众多年形成乱扔乱丢的不良习惯一时难以改变，部分群众没有意识到保护环境的重要性，认为自己不需要为环境保护付费，存在不主动、不愿意缴纳生活垃圾处理费的问题。近年来，在乡镇或乡村公路上建立了一些垃圾池和垃圾桶，但是由于缺乏绿色环保观念，存在垃圾处理设施不够完善、垃圾处理专项资金不够支撑等问题，绝大多数乡镇和乡村的垃圾处理要么统一清理后在一处填埋或焚烧，要么在垃圾池内焚烧，要么随意倾倒在屋旁四周，所以当前我国乡村生活垃圾处理形式不够科学合理，处理结果也不够彻底。

### 3. 农村生活污水处置不合理

农村生活污水主要来源于农民日常生活中的饮食、洗刷、排泄、生活垃圾随意丢放、家禽养殖、雨水冲刷等。这些污染物来源可分为如下几类：农民日常生活排放的生活污水，家禽养殖产生的污水，降雨冲刷地面的垃圾、污物所形成的污水。生活污水处理是我国当前乡村人居环境治理的另一个亟须处理的难题。目前农村生活污水主要采用建设小型污水处理厂和分散式污水处理设施进行处理等方式，处理工艺主要为微动力或者无动力"厌氧+人工湿地""一体化设施""厌氧＋曝气＋沉淀"等，单个工程处理能力一般为 50～200 t/d，少数处理能力甚至小于 20 t/d。[19]农村生活污水处理虽已在部分地区经过多年实践初见成效，但因污水来源分散、分布广泛等问题尚未妥善解决，且受制于处理技术、处理成本、运行维护能力等方面因素限制，现有设施在收集和处理效果上难以满足农村经济发展和环境保护的双重需求，农村生活污水处理设施尚需进一步完善。此外，由于传统生活方式的惯性和排污基础设施建设的滞后性，农村生活污水随意排放，直接破坏了农村的生态环境，对广大农村居民的身体健康造成严重威胁。过去，生活污水通过分散地自然排放后，能够自然消解，然而随着大量洗涤剂、消毒液等化学产品的广泛使用，未经处理的生活污水流到地势低洼的地表水体中，对各类地表水源造成直接或间接污染。生活污水也是疾病传染扩散的源头，农村地表水体变黑发臭、鱼类虾类死亡、病菌滋生，容易造成地方病和人畜共患疾病。加强农村生活污水处理设施建设、加大农村生活污水处理资金支持、加强农村生活污水处理监督管理等，是改善我国农村生态环境的重要措施。

### 4. 农村厕所改善需进一步推进

改善农村人居环境是乡村振兴战略中生态宜居的重要任务。习近平总书记多次提出要在农村进行厕所革命，让农民用上卫生厕所，相关文件陆续出台。2016 年以来，厕所改造工作在各地陆续开展并逐步推进，然而，在具体实践中，各地的厕所改造工作仍然存在一定问题。我们在东北调研中发现，在政策要求和有关部门的监督下，乡村基本上完成了旱厕改造工程，但实际效果不尽如人意，部分厕所改造成了"尬厕"，完全脱离了地方实际，部分农村院子里可见一座白墙皮、蓝顶、约如电话亭大小的小房子，门口堆满了木板、秸秆等杂物，村民介绍："这是 2018 年当地为他家改建的厕所，可根本就没法用。气温一低就结冰堵塞，咱也不能每次上厕所都烧上热水先冲一遍。"所以，改造后的厕所大量废弃或用来堆放杂物。关于厕所的改造工程，尚需因地制宜，根据各地实际情况和乡村居民实际需求进一步完善。

### 5. 农村住宅改善需进一步提升

近年来，国家出台相关政策，拿出资金建设新农村聚居地或为贫困户改建新房，这些措施着实解决了众多贫困人口的住房问题，但农村住宅建设仍然存在其他问题，比如新建设的村民聚居地是否全部入住、聚居地的生活设施建设是否完善。就东北地区部分新农村建设而言，新建的农村聚居地住房统一美观，但是没有完善的污水、粪便、垃圾等处理设施，还有一点是村民因为观念、家庭经济状况等真正搬离旧房后入住新房的很少，更重要的是大拆大建损毁了乡村自然风貌、牺牲了乡村独特价值、冲击了乡村传统文化。除此之外，部分地方政府为完成新农村建设、改善村容村貌，实施了"有钱盖房，没钱刷墙"的"面子"工程，没有从根本上改善农村住宅条件。迄今为止，我国乡村几乎没有建设地下管网，没有完善的污水处理、供热供气、生活垃圾处理系统以及厕所等设施，城乡差距依然很大。改善农村人居环境是乡村振兴战略的重要目标，也是改善农村环境污染的必要途径。实现乡村振兴必须贯彻绿色发展理念，使农村人居环境从根本上改善"脏乱差"的旧面貌。

## （五）绿色生态制度保障仍然不足

完善的绿色生态制度是乡村绿色发展的重要保障。自 2005 年提出新农村建设和 2015 年提出绿色发展以来，虽然我国在乡村建设过程中提出坚持绿色生态导向，但现有的乡村资源环境管理机制体制于农业经济发展而言存在严重滞后，难以有效制约生态环境污染、资源滥用等行为，故笔者认为绿色生态制度供给不足是当前乡村绿色发展面临的又一问题。

### 1. 绿色监管制度不完善

化肥农药化学品的监管控制、秸秆处理监管、无公害农产品的生产管理、水域生态的保护和治理、土地资源的管理、林草资源的保护管理、垃圾污水废弃物的监管处理等职责由多个部门共同承担，导致监管上的叠加和盲区，这在某种程度上制约了资源的合理利用和生态环境治理及保护的效能。尽管各级农业部门或者政府机构设置了农业环保的监测点，但是缺少有效的监管机制、动态评估和评价标准，使收集的数据与信息未能及时有效地应用于乡村绿色农业与生态建设实践中。

### 2. 绿色责任制度不明确

绿色责任制度不明确可能导致乡村绿色发展目标难以实现、乡村生态振兴政策无法落实，甚至出现"推诿责任""形式主义"等现象。在绿色乡村建设中，责任制度模糊主要体现在：未能清晰界定农民、村干部、乡镇各部门等具体责任分工，上级下达命令，乡镇层面负责传达，缺乏对各组绿色乡村的建设任务的细化分配。此外，部分村级及以下干部能力水平和管理水平存在差异，导致绿色生态建设效果在各村间参差不齐。在农业面源污染、农村生态环境污染、农村生活环境污染等领域，若不明确责任归属，将无法实现有效监管，从而难以实现对污染的有效控制与对环境的有效保护。

### 3. 绿色惩罚制度难落实

绿色惩罚制度主要是指在乡村建设过程中，对严重违背绿色发展理念，导致资源浪费、环境污染和破坏生态系统等行为作出惩罚的法制法规，包括贯彻乡村绿色发展过程中违规违法处罚机制、责任追究机制等。当前我国绿色乡村建设虽有相关的惩罚制度，但不完善且未严格实施，比如河流湖泊下药捕鱼、枪打野生飞禽走兽、随意砍伐、养殖场随意排放废弃物和污水、乡镇企业环境污染严重等违规违法处罚机制难以完全落实，导致违规违法行为屡禁不止；不明确的绿色责任追究机制和不完善的绿色监管机制导致乡村生态系统管理薄弱，环境污染治理不彻底。

### 4. 绿色补偿制度不健全

不完善的绿色激励机制与补偿机制，无法有效地驱动向环境友好型绿色生产生活方式转变，尤其是在绿色生态建设任务重而补贴力度有限的情况下，比如农业生产中的土壤污染管控及修复、农业面源污染防治、秸秆回收再利用、循环农业发展等激励补偿制度不健全且力度较小，农村生态系统中的森林、草原、湿地、水土、水生物等生态补偿和激励机制不健全，农村村庄绿化行动、人居环境整治、垃圾污水有效处理等成本高而激励补偿力度不足等问题均阻碍了农村实现绿色发展的目标，使其难以达到预期效果。从整体上来讲，我国进行乡村建设的广大农民主体的绿色发展意识和观念薄弱，如果没有制度制约和鼓励难以达到乡村绿色发展的要求，阻碍实现农业农村的现代化。

## 参考文献

[1] 《中国退耕还林还草二十年》白皮书[EB/OL].(2020-07-01)[2024-10-16]. https://www.sohu.com/a/405033689_674339.

[2] 《2022年中国国土绿化状况公报》发布[EB/OL].(2023-03-14)[2024-10-16]. https://www.eco.gov.cn/news_info/62605.html.

[3] 王浩.2022年全国水土流失面积降至265.34万平方公里:年均减少土壤流失能力达16亿吨[N].人民日报,2023-08-16(14).

[4] 生态环境部通报2021年12月和1—12月全国地表水、环境空气质量状况[EB/OL].(2022-01-31)[2024-10-16]. https://www.mee.gov.cn/ywdt/xwfb/202201/t20220131_968703.shtml.

[5] 草原保护修复[EB/OL].(2022-03-02)[2024-10-16]. https://www.forestry.gov.cn/c/www/lcgz/18009.jhtml.

[6] 第三次全国国土调查主要数据公报[EB/OL].(2021-08-26)[2024-10-16]. http://www.news.cn/2021-08/26/c_1127797077.htm.

[7] 2021年我国卫生健康事业发展统计公报[EB/OL].(2022-07-12)[2024-10-16]. https://www.gov.cn/xinwen/2022-07/12/content_5700670.htm.

[8] 建设统计年鉴[EB/OL].[2024-10-16]. https://www.mohurd.gov.cn/gongkai/fdzdgknr/sjfb/tjxx/jstjnj/index.html.

[9] 全国农村卫生厕所普及率超过70%[EB/OL].(2022-06-28)[2024-10-16]. https://www.gov.cn/xinwen/2022-06/28/content_5698070.htm.

[10] 寇江泽.各地积极践行绿水青山就是金山银山理念 驰而不息建设美丽中国[J].中国环境监察,2020(12):18-21.

［11］ 习近平. 习近平著作选读: 第1卷［M］. 北京: 人民出版社, 2023.

［12］ 2022年度全国国土变更调查初步结果显示: 全国耕地面积连续第二年止减回增, 实现净增加［EB/OL］.（2023-03-03）［2024-10-16］. https://www.gov.cn/xinwen/2023-03/03/content_5744395.htm.

［13］ 刘明宇, 郑旭, 强丽媛, 等. 1994—2020年中国农用薄膜使用量变化与农膜微塑料污染现状分析［J］. 生态环境学报, 2023, 32(11): 2050-2061.

［14］ 中国农业绿色发展研究会. 中国农业绿色发展报告2023［M］. 北京: 中国农业出版社, 2024.

［15］ 农村沼气, 期待风光再现［EB/OL］.（2023-08-18）［2024-10-16］. http://www.nkb.com.cn/2023/0818/457209.html.

［16］ 2023年中国自然资源公报［EB/OL］.［2024-10-16］. https://gi.mnr.gov.cn/202402/t20240229_2838490.html.

［17］ 2017中国生态环境状况公报［EB/OL］.［2024-10-16］. https://www.mee.gov.cn/hjzl/sthjzk/zghjzkgb/201805/P020180531534645032372.pdf.

［18］ 2019年全国耕地质量等级情况公报［J］. 中国农业综合开发, 2020(6): 6-12.

［19］ 方军毅, 唐雨佳. 农村生活污水处理存在的问题及解决对策的思考［J］. 科技与创新, 20200(7): 131-132.

# 第六章　加强农村基层组织建设

组织振兴是乡村全面振兴的基石，也是乡村绿色发展的重要抓手，想要实现农村社会全面发展，离不开乡村基层组织的参与和支持。乡村基层组织振兴就是为了推动农村基层组织发展，强化农村基层组织的团队建设，完善农村基层组织的制度保障，为农村地区发展提供组织保障。只有抓好以基层党组织建设为核心的各类组织建设，充分发挥各类组织在乡村事业发展中的作用，才能凝聚各方力量，推动乡村振兴战略的顺利实施。在探索乡村绿色发展之路的过程中，如何发挥农民在乡村绿色生态、绿色生产、绿色生活中的作用，保障农民群体的利益，需要"建立和完善以党的基层组织为核心、村民自治和村务监督组织为基础、集体经济组织和农民合作社为纽带、各种经济社会服务组织为补充的农村组织体系，使各类组织各有其位、各司其职"。[1] 132当前，要重点发挥基层党组织、农村经济合作组织和农民自治组织等作用，协调农村绿色平衡发展。

## 一、加强基层的党组织建设

农村基层党组织是党在农村全部工作和领导能力的基础[2]，是我党基层治理的关键所在，是带领群众发展经济、脱贫致富、实施乡村振兴战略发展的领导力量，在乡村长期的建设发展中取得了显著成绩，对于乡村绿色发展具有重要作用。[2]习近平总书记指出："党的工作最坚实的力量支撑在基层，经济社会发展和民生最突出的矛盾和问题也在基层，必须把抓基层打基础作为长远之计和固本之策，丝毫不能放松。"[3]推动乡村绿色发展必须加强基层党组织建设，明确党组织的领导地位，提高党员干部的参与度，发挥党员先锋模范作用。

## （一）发挥基层党组织的作用

有位才能有为，在其位谋其政。推进乡村绿色发展道路要明确党在乡村绿色发展道路建设中的地位，这是发展的前提。习近平总书记在党的十九大报告中提道："党政军民学，东西南北中，党是领导一切的。"[4]坚持党的集中统一领导是马克思主义政党的显著特征，也是实现中国特色社会主义发展的根本要求。这就明确指出了要坚持党对一切工作的领导，实施乡村振兴战略推进乡村绿色发展道路要坚持党的绝对领导。

党对乡村绿色发展的领导，选拔基层党组织书记是关键。2017年，习近平总书记在中央农村工作会议上指出："提衣提领子，牵牛牵鼻子。办好农村的事，要靠好的带头人，靠一个好的基层党组织。"[1]189农村地区要想发展得好，好的致富带头人是关键。为此，在农村地区党组织建设时，要充分拓展选人、用人的途径，将农村地区的优秀人才纳入农村基层党组织中，把这些优秀人才的智慧和经验带到农村社会治理当中，让他们能够为家乡的发展贡献力量。村党支部书记是基层党组织的领导者，也是推进乡村绿色发展的领头羊。想要选拔出真正的"能人"，必须破除农村传统的人才观念，建立以能力优先的农村选人、用人机制。农村地区本土优秀人才对农村的基本情况熟悉，特别是生在农村、长在农村的本土优秀人才，更加了解家乡发展的瓶颈，在工作中更能有的放矢，更能够迅速将学到的知识技术转化为家乡发展新动力。同时，农村地区本土优秀人才对农村有着一份特殊的感情，也更愿意看到农村能够发展得更好。重视和重用农村地区本土优秀人才为农村地区脱贫致富、发展新产业提供了重要机遇。在对国内多个地方的研究中发现，部分基层党支部书记在乡村绿色发展中发挥了重要的作用，这部分乡村能人有知识、有魄力、有想法，敢干事、能担事，致富能力突出，敢闯敢拼，受到了当地村民的支持和拥戴。以这部分人群为基层党支部书记能够充分尊重村民的意愿，引导村民群体发挥主体作用，保障村民切身权益，使村民真正参与到乡村绿色生态、绿色生产、绿色生活的发展中，切实保障村民的主人翁地位。同时，能够更好地兼顾产业发展与生态保护，协调政府、企业和村民等不同主体之间的利益，推动乡村绿色道路有序平衡发展。

## （二）提高党员干部队伍素质

基层党员干部是乡村绿色发展的重要引领者和推动者，是党的政策和决策在基层的执行者和落实者，提高基层党员干部队伍的素质能够有效激发基层党组织的凝聚力和战斗力，形成强大的工作合力，因此，推进乡村绿色发展要充分发挥基层党组织的作用，不断提高基层党员干部素质，保证基层党员干部有过硬的综合素质。提高基层党员干部的综合素质要坚持与时俱进，既要大胆任用优秀年轻干部，也要全面加强党员日常培训。一方面，可以选拔任用优秀年轻干部，优化基层队伍结构。绿色发展取得显著成效的乡村，大多数都成功实现了基层领导干部新老更替。我国乡村党员队伍建设要大胆任用优秀的年轻党员干部优化基层队伍结构，为乡村党员队伍建设注入活力，这是今后一段时间内保证乡村绿色发展道路活力和创造力的关键因素。另一方面，应加强党建，全面提升基层党员干部素质。全面加强基层党员干部的综合素质是乡村绿色高质量发展的重要保障。加强党建，提升村干部素质是乡村绿色发展取得成功的重要法宝，因此，应注重对基层党员干部政治、思想、作风、廉政等建设，设立党员集中学习日、定期组织基层党员集体学习党的政策与法律法规等，引导基层党员干部树立绿色发展理念，学习绿色发展新技能。我国乡村绿色发展要充分借鉴发展较快的乡村的成功经验，依托地方党校、高校教育资源定期开展对基层党员干部的理论宣讲、政策解读、技能培训等，并形成基层党员自查自学常态化机制，推动基层党员干部成为乡村绿色发展道路建设的骨干力量。

## （三）加强党员干部监督约束机制建设

党员干部是我国乡村绿色发展的重要力量，在推进乡村绿色发展道路上发挥着支持、引导等重要作用。发挥党员干部的作用，除了优化党员队伍结构，提高党员干部综合素质，还要加强对党员干部的监督，做到党员干部自查自省和外部约束。只有以严格的规章制度约束党员干部的行为，做到权责对等、责任清晰，才能倒逼党员干部有作为、真作为，真正为推进乡村绿色发展道路贡献力量。首先，要制定严格的考核制度。长期以来，我国基层干部是党和政府为人民服务的"触手"，是感知基层群众动态的"神经末梢"他们位居基层，深入一线，对民之所需有最真实的感受。基层干部身先士卒、带头垂范、勤勉履职、扎实尽责,能够有效推动乡村振兴;基层干部作风不实、形式主义、不担当不作为则会损害基层群众的利益。党的十八大以来,以习近平同志为核心的党中央高度重视对党员干部的监督约束,提出要把权力约束在制度的"笼子"里。其次,要明确基层监督主体。对党员干部的监督约束一靠制度,二靠人。在制定严格的考核制度以后,要落实监督主体责任。政府对乡村基层党员监督有毋庸置疑的地位。依靠区、镇级政府,定期对基层党员工作进行考察,这是最常规的监督方式,也是目前我国大部分乡村实行的监督方式。另外,加强村民和企业对政府的监督逐渐成为重要的监督方式,村民可通过村民代表大会与基层党组织对话,对基层党员干部进行问询,实行监督。部分地区设有村民理事会、村民代表大会,代表村民监督基层党员。最后,要拓宽村民监督渠道。目前,我国农村村民总体处于弱势地位。拓宽主体监督渠道是实现政府、企业和村民权力制衡的重要方式。我国多数地区多数乡村为了实现村民监督,设置了公示栏,定期汇报党员干部的工作情况。部分乡村开设了领导热线,定期听取村民的来电,为村民监督投诉提供渠道。我国乡村治理尚不健全,村民监督渠道还很有限。因此,要充分借鉴已有较先进经验,与时俱进设置网络、电话等多种形式的监督投诉渠道,让农民在党员干部考核中尽可能发声,真正监督党员干部落实责任,推进乡村绿色发展道路。

## 二、加强经济合作组织建设

组织化是实现农民主体性的主要因素,经济组织是关乎农民经济利益的组织。推进乡村绿色发展道路要兼顾经济效益与生态效益,实现三产融合,这就离不开农民群体的力量。缺少有效的组织建设就难以发挥农民集体作用,难以协调多方主体权益,难以从农民主体视角出发发展绿色生态、绿色生产、绿色生活。加强村民经济合作组织建设能够更好地发挥农民集体作用,引导村民投身乡村绿色产业发展,实现政府、企业和村民的共商共建共享。当前,根据我国国情,加强村民经济合作组织建设主要依靠建立农民专业合作社,探索农民合作社联盟,推动合作社高质量发展。

## （一）建立农民专业合作社

习近平总书记指出，"保障农民集体经济组织成员权利"[1] 144 "农民专业合作社是带动农户增加收入、发展现代农业的有效组织形式，要总结推广先进经验，把合作社进一步办好"[1] 147 "壮大农村集体经济，是引领农民实现共同富裕的重要途径"[1] 149。新时代，建立农民专业合作社不仅能够引领农业现代化发展，而且能够引导农民更好地参与到产业融合发展当中，以产业融合带动乡村绿色发展。

一是建设多种产业专业合作社。我国推进乡村绿色发展道路建设，鼓励农民以土地、林权、资金、劳动、技术、产品为纽带，开展多种形式的合作与联合，依法组建农民专业合作社联合社[5]，如农家乐、园艺种植、生态旅游等专业合作社。建设多种产业专业合作社是推动农业现代化、农民增收和农村经济发展的重要途经，当前，在以农业为基础，实现产业融合的乡村绿色产业发展新格局下，农民合作社的功能不能拘泥于农业生产，而要具有工业生产和服务业生产的属性。近年来，我国乡村发展坚持因地制宜、多元融合、互利共赢的建设原则，建成了一批以农民合作社为核心多种产业融合发展的专业合作社。例如：上海联中食用菌专业合作社、福建省漳平永福闽台缘高山茶产销专业合作社、湖南省涟源市特色水果种植专业合作社、重庆金澜众创农业股份合作社等，多种产业专业合作社的发展在建设现代农业、助力脱贫攻坚、带领农民增收致富中发挥了重要作用，也为其他地区乡村绿色发展提供了借鉴参考。二是尝试多种形式专业合作社。农民专业合作社有不同形式，我国为推动乡村可持续发展探索了多种形式合作社。有的在村集体领导下，村民自愿将土地经营权流转给村集体，农民则获得相应股权变为股东，合作社实行公司化运营，投资参与各种项目，实行股份制分红，是实现产业融合绿色发展的根本途径。我国乡村选择合作社模式要因地制宜，可以探索农民主导、民企协作的合作社等更多模式，为我国乡村绿色产业发展提供支持。

## （二）提高合作社作用成效

合作社在我国已经有相当长时间的发展历程，在我国不同的历史阶段都发挥了重要作用。作为我国发展集体经济、发挥农民作用的重要载体，截至

2020年11月，我国农民合作社达到224.1万家。新时代，推进乡村绿色发展道路更要发挥好合作社的作用，通过合作社集中农民的力量，发展农村集体经济，为绿色产业发展提供重要保障。一是要选择优势产业。良好的产业基础是合作社发展的重要保障。我国推进乡村绿色发展道路要培育和扶持以优势产业为基础的农民合作社，宜农则农、宜工则工，坚持因地制宜，互相补充，带动乡村绿色产业发展。二是要推动合作社与市场接轨。我国要提高农民合作社作用成效，就要积极与市场接轨，引入城市先进技术、管理经验、资金人才，以城促乡，带动乡村产业绿色化、持续化发展。三是发挥合作社的服务功能。合作社本质上是服务机构，为农民、企业提供更多专业服务。我国建设农民合作社要拓展合作社服务功能，以绿色理念为指导，为农业农村发展提供金融贷款、农业科技、农民培训等多种服务，推动农民合作社高质量发展，让专业合作社成为推进乡村绿色发展道路的重要力量。

# 三、加强村民自治组织建设

作为农村地区的自我管理组织、农民的直接接触对象、农业经济的直接组织者、农村地区事务的直接管理者，村民自治组织是建设农村、实现乡村振兴的重要组织保障。村民自治组织制度是社会主义民主制度的重大发展，是参与范围最广、规模最大、最能体现人民当家作主的民主形式。[6] 习近平总书记指出，"要丰富基层民主协商的实现形式，发挥村民监督的作用，让农民自己'说事、议事、主事'，做到村里的事村民商量着办"[1] 136。走乡村绿色发展道路必须充分发挥村民自治组织的作用，村民依托村民自治组织参与乡村绿色生态建设、绿色生产建设、绿色生活建设。

## （一）发挥村民委员会作用

村民委员会是我国农村主要的村民自治组织。我国《村民委员会组织法》规定："村民委员会是村民自我管理、自我教育、自我服务的基层群众性自治组织，实行民主选举、民主决策、民主管理、民主监督。"[7] 新时代，推进乡村绿色发展，走绿色发展道路，依然要发挥村民委员会的作用。依托于村民委员会，做好乡村生态资源管理、乡村绿色产业规划、村民健康生活塑造等工作。一是参与乡村生态资源管理。生态资源是农村最宝贵的财富。我国农村情况特殊，农村土地、树木、湖泊等生态资源归村集体所有，乡村生态资源的开发和使用也必须由村集体共同决定。村民委员会是我国农村最普遍、最传统的村民自治组织，有较为完备的制度设计，能够最大限度代表农民群体参与乡村生态资源管理。依托于村民委员会参与乡村生态资源管理，能够更好地贯彻人民意愿，保障村民集体权益，实现生态资源开发与保护协同的发展方式。二是参与乡村绿色产业规划。我国农村的主人翁是村民，村民委员会能够最大限度代表村民的意愿。在农村土地集体所有制的基础上，村民委员会能够代表村民参与乡村产业规划，审核产业发展是否符合村民集体利益，是否能够满足产业发展与生态保护相协调，是否能够做到"绿水青山就是金山银山"的发展理念。三是村民健康生活塑造。在我国，农村具有浓厚的乡土人情，简单依靠法治或自治难以实现乡村善治之路。村民委员会扎根本土，面向现代，能够在本地乡贤能人的带领下实现自治、法治、德治的融合发展。在村民委员会带领下制定村规民约，以严格的制度规范约束村民的日常行为，使村民养成绿色的生活方式，为推进乡村绿色发展道路，塑造美丽宜居的生活环境贡献力量。

## （二）建立其他村民自治组织

在农业农村现代化不断推进过程中，除了村民委员会，我国许多农村也自发成立了各种村民自治组织，如百事服务团、法律服务团、道德评判团等。这些村民自治组织尽管成立的目的和方式不尽相同，但是都在乡村治理和乡村建设中发挥了重要作用。在新时代，推进乡村绿色发展道路要注重建设形式功能多样的村民自治组织，完成生态保护功能、产业发展功能、文化建设功能、人才培养功能等，助力乡村绿色发展。一是生态资源管理委员会。推进乡村绿色发展，保护生态资源是关键。目前，我国农村地区已组建若干村民自治团体，并承担生态资源管理职责。然而，从实际情况出发，鉴于自治组织功能的多元性和利益关系的交织复杂性，单纯从生态保护的视角考量问题，存在较大难度。成立生态资源管理委员会对于最大化保护农村最为珍贵的生态资产，进而促进农村的持续繁荣，具有极其重要的意义。二是绿色文化管理委员会。在物质资源极为充裕的时代背景下，强化精神文化建设至关重要。我国乡村蕴含着丰富深厚的绿色文化传统，对此应给予高度的重视与妥善保护。成立绿色文化管理委员会，致力于保存农村的历史古迹、传统建筑、民俗风情等文化遗产，不仅能够充实农民的精神文化世界，还能推动以绿色文化为特色的旅游产业等的发展，从而促进农村经济的多元化，为乡村振兴与绿色发展的战略目标提供坚实支撑。三是健全村务监督委员会。乡村不能无序粗放发展，必须全面落实村务监督制度，成立村务监督委员会，其职责包括推动村民民主评价、确保村务公开等政策的实施。成员由村民代表大会在村民中推选产生，其中应包含具备现代化综合素养的人才。村民委员会的成员与其直系亲属不得出任村务监督机构成员。村级监督组织成员需对村民负责，可以严格规范乡村事务开展。

## 经典案例：

### 贵州各地强化组织振兴推进乡村振兴

实施乡村振兴战略，组织是保障，组织振兴是乡村振兴的"第一工程"，是新时代党领导农业农村工作的重大任务。加强党的领导，推动组织振兴，是凝心聚力，应对各种困难和挑战，实现乡村振兴的关键和根本保障。

在乡村振兴工作中，为强化农村基层党组织的战斗堡垒作用，贵州各地压实基层党建工作责任，实现农村党建与乡村振兴深度融合，真正把农村党组织的政治优势、组织优势以及党员密切联系服务群众的作风优势转化为推动乡村振兴的发展优势，为实现乡村振兴提供坚强的组织保证。

一、政治建设更加有力

农村富不富，关键看支部。

加强基层党组织政治建设，强化基层党组织政治理论及业务培训，发挥好党组织战斗堡垒作用和党员先锋模范作用，才能把基层党组织的组织优势、组织功能、组织力量充分发挥出来。

"这次培训紧扣乡村振兴主题，课程架构合理，内容全面丰富，非常适用。"提及日前在村党组织书记专题培训班学到的内容，绥阳县郑场镇狮山村党支部书记黄刚有感而发。绥阳县2021年村党组织书记专题培训班在县委党校正式开班，全县114名党组织书记参加培训，旨在进一步提升村（社区）党组织书记的思想理论水平和工作能力。

德江县本着缺什么补什么的原则，有针对性地在县委党校开展农村综合改革人才培训班、后备干部示范班、党组织书记培训班等主体班次，在村

（社区）组织后备干部收看"新时代大讲堂"业务知识讲座、时代前沿知识专题讲座，并充分利用枫香溪会议会址和黔北工委旧址等红色教育基地，组织村级党员干部参观学习，感悟红色故事，激励担当作为。

农村基层党组织是党直接联系群众的纽带，是党的理论和路线方针政策的直接执行者，是推进乡村振兴战略走好"最后一公里"的关键。结合当前党史学习教育，贵州各地基层党组织以党的创新理论武装头脑、指导实践、推动工作，不断提高领导和服务发展的能力，既确保干部在思想上不动摇不含糊，又在实践中找路径找方法，进一步健全组织体系，完善制度机制，确保农村基层党组织的领导落到实处。

二、队伍建设全面过硬

乡村组织振兴，必须突出问题导向，着力破除积弊、夯实基础。针对一些基层党组织软弱涣散的问题，要做好减法，稳妥有序开展不合格党员处置工作，着力引导农村党员发挥先锋模范作用。

为全面推进乡村振兴的步伐，三穗县出台《关于在全县实施党支部规范化建设提升组织力的意见》《关于对全县党支部进行星级管理的实施方案（试行）》等指导文件，通过分类评星定级、项目清单管理、年度收官考核、刚性退出机制，补短板、强弱项、建机制、提效能，从严从实抓好软弱涣散村党组织整顿，发挥农村党员带头作用，力争村级党组织全面进步、全面过硬。目前，全县建成党支部标准化规范化建设286个，示范支部32个，被评为省级优秀基层党组织15个，州级优秀基层党组织20个，县级优秀基层党组织124个。

平塘县以钉钉子的精神持续抓好软弱涣散基层党组织整顿提升工作，对纳入软弱涣散的村级党组织列入整顿提升对象，按照"一村一策"及时制定整顿方案，挂图作战进行整顿提升，并明确每个软弱涣散党组织由1名县领导、1名部务会成员、1名包村领导、1名第一书记、1个包保单位进行责任包保。

乡村要发展得好，很重要的一点就是要有好班子和好带头人。结合当前继续选派驻村第一书记和驻村干部工作，贵州各地把作风扎实、攻坚能力强的党员干部放在乡村振兴工作的前沿，把强大的力量、优势的资源下沉到组织建设相对薄弱的地方，把实施乡村振兴战略作为培养锻炼干部的平台，调动和激发党员干部积极投身乡村振兴的伟大实践。同时，持续强化"领头雁"工程建设，抓好支部书记这个"关键少数"，不断强化村"两委"班子力量，多措并举锻造一支靠得住、信得过、顶得上的党员干部队伍。

三、为民服务更加务实

推动组织振兴，要凝聚各方力量，才能更好地促进"三农"发展。

充分尊重广大农民意愿，调动广大农民积极性、主动性、创造性，贵州各地基层党组织把广大农民对美好生活的向往化为推动乡村振兴的动力，把维护广大农民根本利益、促进广大农民共同富裕作为出发点和落脚点。

六枝特区将党史学习教育与为民办实事结合起来，全区广大基层党员干部深入田间地头真抓苦干，推动改革发展成果更多惠民利民。聚焦农业产业，发展茶叶、刺梨、猕猴桃、樱桃等特色优势产业131.8万亩。建成省级现代高效农业示范园区9个、万亩产业基地8个、规模养殖场416个、农产品加工企业55家。培育省市级农业产业化经营重点龙头企业69家。

威宁自治县五里岗街道棒木社区种植蔬菜有得天独厚的条件。2019年8月以来，棒木社区充分发挥党支部先锋模范带头作用，不断创新产业发展模式，将一家一户分散种植的农户组织起来，按照"党支部+合作社+农户"的组织方式，大力种植白萝卜、大白菜等蔬菜，引领群众"抱团"种植高产蔬菜，有效带动社区建档立卡贫困户实现持续增收。

江山就是人民，人民就是江山。

以服务于民为宗旨，在实施乡村振兴战略过程中，全省各地以基层党组织为引领，充分发挥党员干部先锋模范作用，聚焦产业发展、乡村治理、乡村建设等重点工作，俯下身、沉下心，头上冒汗、脚上沾泥，民有所呼、我有所应，凝聚起推进乡村振兴的磅礴力量。

（来源：《贵州日报》，2021-05-19）

# 参考文献

[1] 中共中央党史和文献研究院.习近平关于"三农"工作论述摘编[M].北京:中央文献出版社,2019.

[2] 徐勇,徐增阳.论村民自治与加强农村基层组织执政能力[J].当代世界与社会主义,2005(4):63-66.

[3] 中共中央文献研究室.习近平关于社会主义社会建设论述摘编[M].北

京:中央文献出版社,2017.

［4］ 习近平.决胜全面建成小康社会 夺取新时代中国特色社会主义伟大胜利:在中国共产党第十九次全国代表大会上的报告［M］.北京:人民出版社,2017.

［5］ 中共中央国务院印发《乡村振兴战略规划(2018—2022年)》［N］.人民日报,2018-09-27(1).

［6］ 谭德宇.新农村建设中的农民主体性研究［M］.北京:人民出版社,2017.

［7］ 中华人民共和国村民委员会组织法［EB/OL］. (2018-12-29)［2024-10-18］. https://flk.npc.gov.cn/detail2.html?ZmY4MDgwODE2ZjEzNWY0NjAxNmYxZDkwMWM5NDE1ODk%3D.

# 第七章 建设绿色乡村人才队伍

习近平总书记强调:"要推动乡村人才振兴,把人力资本开发放在首要位置,强化乡村振兴人才支撑,加快培育新型农业经营主体,让愿意留在乡村、建设家乡的人留得安心,让愿意上山下乡、回报乡村的人更有信心,激励各类人才在农村广阔天地大施所能、大展才华、大显身手,打造一支强大的乡村振兴人才队伍。"[1] 150实施乡村振兴战略,必须打破人才瓶颈,推动科技创新成果向乡村倾斜。在新时代,探索乡村绿色发展道路,必须把人才队伍建设放在首位,培育更多新型农民,吸引更多人才下乡,号召更多能人返乡,充分发挥人才在乡村生态环境治理、产业绿色发展中的作用[1] 40。当前农村地区普遍面临着优秀人才严重不足的困境,所以打破人才匮乏的瓶颈,对于乡村振兴战略实施的意义重大。培育农村发展需要优秀人才,必须多措并举,既要从外部引进农村发展急需的专业人才,也要从内部选拔、培育适合本地发展的本土人才。

## 一、培育更多新型农民

农民的整体素质有待提升,是制约农民在推进乡村绿色发展中发挥作用的主要原因。要让农民成为推进乡村绿色发展中的主体,迫切需要培养塑造一批新型职业农民,以满足农业农村农民绿色现代化发展要求。培育新型职业农民是推动农业现代化、实现农村全面振兴的重要工程。因此,要加快培育新型农民,提高农民综合素质,才能为乡村绿色发展道路建设提供重要人才资源。

### （一）加快培育新型农民

农民是乡村建设的主体。新时代推进乡村绿色道路，既要有满足现代农业生产需要的新型职业农民，也要有适应产业融合发展需要的综合型农民。因此，推进乡村绿色道路建设，必须提高农民综合素质，把农民培训教育作为重要工作开展。

一是创办农民职业（技术）学校。新时代的农业现代化是绿色农业、循环农业、科技农业。传统的农业生产方式不能适应现代发展需要。创办农业职业学校，能够面向现代、面向未来，为农村提供新型职业农民。我国可以试建农民职业（技术）学校等专业院校。农民职业教育一概实行免费教育或政府补贴等优惠形式，形成政府牵头、学校支持、农民参与的农业职业教育模式。二是加强与高校、科研机构合作。高校、科研机构始终是教育的前沿阵地，也是教育资源较为丰富的区域。加强与高校、科研机构的合作能够集中优势资源，结合实际，加快农民教育培训进度。沈阳农业大学充分利用高校科研和教育资源，2004年起，在全国开创性举办"青年农民上大学"培训班，培养了大批根植乡土、服务"三农"的乡村科技致富示范带头人，探索出"政府出资、大学培训、农民受益"的人才培养新模式，为辽沈地区乡村振兴提供了重要的人才支撑，为乡村振兴走绿色发展道路提供人才保障，也为其他地区新型农民培育提供成功经验。三是支持更多机构开展农民培训。我国乡村振兴战略意见要求"支持农民专业合作社、专业技术协会、龙头企业等主体承担培训"[2]。统筹各类教育培训资源，加快构建和完善以农业广播电视学校、农民科技教育培训中心等农民教育培训专门机构为主体，中高等农业职业院校、农技推广服务机构、农业科研院所、农业大学、农业企业和农民合作社广泛参与的新型职业农民教育培训体系，满足新型职业农民多层次、多形式、广覆盖、经常性、制度化的教育培训需求。目前，我国部分乡村通过产业融合发展等方式，引入社会力量对农民进行职业技能培训，但总体力度和精细化程度仍然不足，有很大提升空间。因此，需要进一步汇集政府、企业等社会各界力量，通过制定政策、投入资金、培养人才团队等，完善农民培训机构的建设。

### （二）提高农民综合素养

培养新型农民、促进农民绿色现代化，就是要实现农民全面发展。习近平总书记指出，"提高农民，就要提高农民素质，培养造就新型农民队伍，培养有文化、懂技术、会经营的新型农民"[1] 142。因此，新时代推进乡村绿色发展道路，要重点培育有绿色文化、懂绿色技术、会绿色经营的新型农民，全面提升农民素质，发挥农民主体作用。一是绿色文化知识。新型农民是具有较高绿色文化素养的农民，全面提高农民绿色文化水平，是实现农业农村农民绿色现代化的迫切需要。二是绿色发展理念。推进乡村绿色发展道路以绿色发展理念为指导，是农民重要的发展内核。农民作为乡村发展的主体，必须把培育绿色发展理念作为重要素养，从而提高农民参与乡村绿色发展的主动性和积极性。三是精神文化素养。新型农民一定是具有较高精神文化素养的现代农民。新时代，新型农民必须具有较高的文化艺术素养，要通过发展各项文化事业，培育良好的社会风尚，使绿色文化融入农民的生产和生活行为方式中，把绿色文化内化于心。[3]四是绿色职业技能。新型职业农民一定是具有现代职业技能的农民，现代职业技能主要包括生产技能、管理技能、服务技能、专业技能等。当前推进乡村绿色发展，要把塑造农民绿色职业技能作为重要任务，提高农民绿色职业素养。

### （三）涵养农民绿色意识，增强农民参与意识和责任意识

乡村的主人是农民，乡村绿色转型的主体力量和受益者也是农民，只有农民自觉投身绿色乡村建设，为绿色转型发展贡献主体力量，彰显绿色转型主体作用，才能有效落实乡村绿色转型发展。解决乡村绿色转型发展问题的根本在于农民理念的转变和自觉行动，因此，作为乡村绿色发展事业的中坚力量，农民必须明确自身乡村绿色生产主体的地位，摈弃旧的生产生活观念。加大绿色发展理念的宣传推广力度，从农民年龄结构、文化水平等条件出发，制定宣传方案，实现精准宣传，涵养农民绿色意识，增强农民参与意识和责任意识，提高农民思想道德水平及文化素养，全力调动农民的生产积极性、主动性；开展送惠农政策、送现代技术、送生产咨询服务活动，把政策、资金、农技、服务送到农民手中，解读国家关于乡村绿色转型相关政策，推广现代农业生产新技能、新成果，借助农民丰富农作经验，将新技能

运用在农业现代化生产实践中，实时发布涉农市场信息和供求关系，根据市场需求变化适时调整产业结构，打通惠农助农"最后一公里"；开设农事培训班，加强农业生产相关知识学习和生产技能指导，提升农民生产技术素质，提高农民解决农业生产活动问题的能力，使生产实践活动符合绿色发展理念和乡村绿色现代化建设的价值追求。农民作为乡村产业活动的主体力量和生产转型的主力军，只有在思想上认同和支持乡村绿色转型发展，从内心深处激起参与热情和自觉意识，不断提高自身素质、转变发展理念，才会把内在意识转化为外在行动，继而提高参与绿色转型的自觉性和主动性。新时代推进乡村绿色发展，必须激发农民积极主动承担发展责任、发挥主体作用的意识，在行动上做一个绿色发展的追求者和践行者，汇聚有效力量推动乡村绿色生产生活。

### （四）提升农民绿色生产技术水平

农民的主体作用贯穿乡村绿色发展与建设的整个过程，不仅体现在绿色意识的提升和生活方式的绿色化上，还体现在农技能力的提升上。新时代推进乡村绿色发展道路，不仅要瞄准现代农业绿色高效发展的机械化需求，还要提升农民的农机设备使用能力。农机化的普及推广是解放和发展生产力、提高农作效率的根本途径，因此，要实现农用设施现代化和农民生产技能现代化，提升农业生产力水平。农民较高的农机技术实施能力直接关系到农业生产效率的提升、经济收入的增加以及乡村绿色发展的推进。在农事生产活动中，农业机械化的推广应用能有效提升农业生产的科技含量，实现提效创收。传统农事活动复杂，需要耗费大量的人力，仅仅依靠人力作业效率低下，农事作业进程缓慢，因此，应积极组织农技专家、科技特派员下乡指导农民优化农事生产技术，协助农民扩大农技知识储备面，掌握先进生产技能，提升农机使用能力，有效提高农业技术成果的转化率，助力农业增产增收。以机械替代人力，既可以缩短农业生产时间，提高生产效率，提升农产品附加值，还可以解放部分劳动力，将节省的劳动力投入其他产业，增加经济收入来源，进而提升劳动力生产水平。作为新时代的新农人，必须着力提高自身科技素质，掌握农业科技知识和农业实用技术，用新思维代替老旧思想、用机械代替人工劳动，为农业现代化、绿色化循环发展奠定有效基础，推动传统农业的绿色现代化转型，实现农业经济的绿色高质量发展。

# 二、吸引更多人才下乡

推进乡村绿色发展道路，要以城乡融合发展为路径，吸引更多优秀的城市人才下乡，参与乡村绿色发展。习近平总书记提出，"要想方设法创造条件，让农村的机会吸引人、让农村的环境留住人，特别是要让一部分年轻人热爱农村农业"[4]。当前，我国推进乡村绿色发展道路，既要支持市民下乡，更要激励农民返乡，这样才能保证人才要素向乡村流动，保证乡镇充满活力。

## （一）支持市民下乡

随着农村经济社会迅速发展，人口流动出现双向发展趋势，既有农民进城，也有市民下乡。市民下乡可以实现城乡资源双向流动，盘活农村空闲资源，带来先进绿色科技和高效管理经验，为推进乡村绿色发展道路注入活力。要把人力资本开发放在首要位置，畅通智力、技术、管理下乡通道。[2]在农业农村农民绿色现代化建设中，准确把握市民下乡新趋势，出台多项政策，如武汉市"三乡工程"（市民下乡、能人回乡、企业兴乡）等，吸引市民下乡，满足了市民下乡的新需求。在"三乡工程"的引导下，各地持续推进基础设施建设，改善农村生态环境，深挖旅游资源，开发特色化、差异化、多样化的乡村旅游产品，为市民下乡创造了良好的条件。目前，全国各地乡村为了吸引市民人才下乡，纷纷出台惠民政策。部分市民下乡不为创业，而是满足优美生活环境需要，将乡村作为与亲友休闲娱乐的场所。不管下乡市民出于何种原因，市民下乡都提高了农村资源利用率，带来了先进科技和管理模式，为实现农业农村农民绿色现代化建设，更好地推进乡村绿色发展道路提供了优质条件。

## （二）激励农民返乡

进入新时代以来，我国农村发展呈现良好态势，为农民就业创业提供了大量机会。推进乡村绿色发展道路，既要支持市民下乡，更要鼓励农民返乡，这是破解农民流失问题，发挥农民主体作用的有效途径。要激励农民返乡、农民回乡，既要给返乡的农民创造更多共建、共享的机会，也要加大对返乡农民的扶持力度。目前，我国为吸引农民返乡参与推进乡村绿色发展，给农民返乡提供了资金、税收、住房等多种优惠条件。激励农民返乡回乡，可以参照武汉市"三乡工程"人才政策，给予资金、医疗、住房等政策支持。其实，部分进城农民在城市生活一段时间后，更加清楚城市居民对绿色、有机、健康农产品的要求，同时，对于城市居民生活方式有更深入的了解，更清楚如何推动农业供给侧结构性改革，为城市居民提供更多生态产品和服务，能够有效带领农民以城市居民绿色需求为导向，探索乡村绿色发展新契机。目前，已有一些乡村依靠返乡农民带领村民改变了农村落后面貌。想要吸引优秀农民返乡需要为其提供良好的就业生活条件，这就要求政府转变发展思路，从鼓励资本下乡、市民下乡转向支持外出农民返乡就业，创造更多服务农民的政策，吸引农民返乡，重现浓厚的乡土人情，为推进乡村绿色发展道路提供更加可靠的人力资源。

## 三、充分发挥能人作用

乡村振兴需要能人带领。能人一般是指有才能的人，包括乡贤、企业家、知识分子等。习近平总书记指出："乡村振兴也需要有生力军。要让精英人才到乡村的舞台上大施拳脚，让农民企业家在农村壮大发展。"[5] 推进乡村绿色发展道路要充分发挥能人作用，既要引导更多能人回乡下乡，更要发现、重用培养本地能人。

### （一）引导更多能人回乡下乡

能人是推动乡村振兴的重要力量，直接决定了乡村发展的快慢优劣。改革开放后，伴随我国城乡两极分化加剧，一批有知识有能力的农民，为了追求更加美好的生活，离开农村进城打工谋生。进入新时代以来，随着我国城乡一体化进程加速，农村成为经济社会发展前沿，开始释放出巨大的发展潜力，为进城能人回乡提供了有利条件。引导更多能人回乡下乡"是一个对传统乡村补血的过程，既可以填补精英流失带来的空缺，又可以带动城市资源下乡，还可以借助回归乡贤能人拥有的广泛社会关系、较高的个人威望和道德人格魅力整合乡村内外各种社会资源，实现资源集约化使用"[6]。

一是持续推进能人回乡。靠山村的骆黎明、宝鸡市永利村宁广红、六海赛生态小镇的欧阳国华，都是"三乡工程"能人回乡的示范。我国可以总结"三乡工程"经验，引导更多外出就业创业的能人回乡，吸引有志于推进乡村绿色发展道路的能人返乡，参与农村生态环境治理、农业绿色转型升级，带动更多农民实现共同富裕。二是支持更多能人下乡。城市集中了大量人才、能人、精英，对于那些没有能人回乡的乡村，可提供下乡创业条件，如"将其纳入新型职业农民培育工程，在教育培训、社会保障、金融服务上提供支持，对于基层干部、科技人员、乡村教师等，可探索挂职交流、定向培养、挂包服务等方式，促进人才流动，妥善考虑他们在生活保障、后续发展等方面诉求"。[7]引导城市能人、精英、知识分子下乡。

### （二）发现重用培养本地能人

推进乡村绿色发展，走绿色发展道路，不仅要引导能人回乡下乡，更要善于发现、挖掘、重用、培养本地能人。本地能人是推进乡村绿色发展的重要力量，他们懂技术、了解本地风土人情、对乡村有热情，发现、挖掘、任用本地能人，培养本地能人担任领头雁对于乡村振兴至关重要。首先，挖掘、重用本地能人。从国内外成功经验来看，本地能人在乡镇建设运营中发挥了重要作用。发展好的乡村离不开当地政府对乡镇干部和村民对于村干部的选拔和任用，我国民间、乡间不缺能人，但需要相关部门善于发现能人，更要大胆起用重用这些能人，让他们在推进乡村绿色发展道路中有用武之地。其次，要大力培养本地能人。我国台湾地区在推进乡村绿色发展中，提出"农村再生，先做培根"，为打造人才启动"培根计划"，为农村再生培育了一批能人。我国推进乡村绿色发展可以借鉴国内外经验，依托省市党校在党员干部培训中重点培养能人，提高乡村能人引领推进乡村绿色发展的职业技能和管理能力。

## 四、创新乡村经营模式

新时代坚持走乡村绿色发展道路，必须发展绿色化农业、现代化产业，以实现生产方式绿色化转型。通过创新经营模式，打造多元新型主体合作经营，推进乡村产业经营模式由"单打独斗"到"集聚抱团"、由"单一化"向"多元化"的转型升级发展，促进产业增产提质；同时，加强农业与其他产业的融合，不断挖掘农业新功能和新价值，推动乡村产业顺应现代消费市场新需求，为发展绿色产业提供新动能，实现乡村绿色高质量发展目标。在现代产业多元融合背景下，乡村产业也要利用自然资源和人文资源优势，加大主产业与其他产业的融合，推动产业链前延后伸，实现多渠道增收致富，为乡村产业发展提供新动能。鼓励乡村土地使用由单一的耕地性质转变为综合性质，积极推动多要素深入融合，使不同土地发挥最大价值，以满足乡村产业融合发展和乡村绿色发展道路的需要。发展乡村休闲旅游业，将乡村传统种养业与休闲观光、文化教育、康养、旅游等结合，发挥旅游业的连接点作用，横向融合农文旅产业，在保护生态资源和乡土文化的同时，延伸拓展乡村特色产业、新型服务业等产业，提升乡村产业经济收益；做大做强农产品精深加工业，利用科技提高生产力，创新农产品种植加工一体化，打造农产品全产业链，创建农业品牌；积极利用互联网发展电商产业，打造绿色电子销售平台、农产品营销公共服务网络平台等，创新产品营销方式、提升乡村特色产品品牌影响力。通过创新经营模式，积极参与产业融合，坚持走产业特色化、农业绿色化、精细化的道路，拓展乡村产业多功能，推动产业增值。

## 经典案例：

### "不富百姓誓不休"——记辽宁省新民市周坨子乡党委书记徐占海

当村支书时，村里所有孤寡老人临终，他亲自给洗身体、穿寿衣；谁家有难事、急事，他第一个到场，忙前忙后。

当了乡党委书记，每逢下大雪、刮大风，不管白天晚上，他总会带领乡干部赶到蔬菜大棚区，清理棚顶积雪，比大棚主人到得还早。

当村支书10年，他把一个负债累累、年人均收入不足千元的贫困村，变成年人均收入过万的富裕村；当乡党委书记仅2年，他又把新民市倒数第二的乡，变成年人均收入1.2万元、远近闻名的"明星乡"。

这个人，就是辽宁省新民市周坨子乡党委书记徐占海。

一、当好"当家人"，先做好群众的贴心人

"孝子，孝敬全村老百姓。"这是中姚堡村百姓给徐占海的评价。不管有啥事，村民第一时间想到的就是找徐占海。

在2008年担任新民市周坨子乡党委书记之前的10年间，徐占海一直是姚堡乡中姚堡村党支部书记。

"群众平时看啥？看不到省委书记、市委书记，就看村干部怎么样。" 82岁的老党员刘成山说。

2006年夏天，村民夏瑞臣死后，留下3个智障子女。徐占海像亲儿子一样操办丧事。孤寡老人王柏山去世后，徐占海又像儿子似地（的）给老人擦身子、换衣服，还按当地风俗给逝者"守夜"。

"群众有什么难事，村干部就是他们的主心骨。不靠你们，靠谁？" 徐占海说。

2003年8月12日，村民宋建军遇到车祸生命垂危，肇事者逃逸，到了医院输血缺钱。临近夜里12点，宋建军父母给徐占海打电话。徐占海拿着家里仅有的1万元，又从亲戚家借了1万元，赶到医院救人。

2004年7月，村民路亚香得了喉癌，做手术差7000元，找到徐占海。手头紧张的徐占海从别人家里借了5000元，又从亲戚家拿了2000元，第二天一大早带着路亚香到沈阳看病。

晚上，妻子愁眉苦脸地对徐占海说："老徐，都来借钱，全村300多户你管得起吗？""老百姓有难，管得起得管，管不起也得管；既然挑了这副担子，就不能半道撂挑子。" 徐占海劝导妻子。

全村300多户，都在徐占海心里装着。他建了详细的家庭档案，记着每家的经济状况、孩子上学情况、养殖情况、外出打工情况……

在周坨子乡王甸子村80岁的老人史传伟家堂屋里，挂着一张特殊的"全家福"，中间是史传伟老两口，后面是徐占海。"瞧，那是我干儿子。"老人自豪地说。

2008年5月，徐占海调任周坨子乡党委书记不久，下乡走访，在王甸子村认识了史传伟。徐占海了解到老人的儿子患癌症去世，留下两个还在上学的孩子，负债累累，随即掏出身上仅有的1000元钱，并主动做了老人的干儿子。从此，只要有空，徐占海就去探望、接济老人；没空去，就打电话。

"徐书记，你那么忙，也不能总来看我。拍张照片给我留着吧。"于是，老人有了一张特殊的"全家福"。

二、"农民不富是我的无能，更是我的耻辱"

1998年，正在新民市法哈牛镇初中当民办教师的徐占海受组织安排，回到家乡姚堡乡中姚堡村当了村支书。

当时，中姚堡村不但一贫如洗，外债累累，而且几乎看不到致富希望——春季风沙多，夏季雨水少，土地沙化贫瘠，老百姓种苞米、高粱、小杂粮，一亩地收益不足200元，年人均收入不到千元，300多户人家的村子欠着近百万元外债。

"我是农民的儿子，农民不富是我的无能，更是我的耻辱！"徐占海暗暗发誓。他带领班子成员、村民代表到周边富裕乡镇考察后，决定带领乡亲们发展大棚蔬菜。

由于缺乏资金，也贷不到款，村民响应者很少。徐占海就用自己的全部家当为村民们抵押贷款20万元，动员村干部和家属为村民的100万元信贷资金作担保，让村干部与村民特别是贫困户结成利益分享、风险共担的帮扶体系。"党员干部帮群众贷款，赔了，群众只赔力气，干部赔钱；赚了，群众收获效益，干部收获民心。"

当年，中姚堡村建起80个大棚，从资金到技术到销售，全是村干部负责。建大棚，扯电线，村里没钱雇工，徐占海领着村干部抬电线杆子，带着村民砌大棚墙。"半夜下大雨、下大雪，徐占海一准会去大棚巡视，发现问题，立即招呼村干部和村民去处理。"村民吴玉国说。

村里逐渐富裕起来，徐占海又操心几个家有残疾人的困难户。

徐占海和村干部把搭建好的大棚，无偿分给残疾户，一户2个。"化肥、种子、地膜都准备好了，不用操心。"几个残疾户一年就富了起来。身有残疾的季志林现有6个棚，"刨除雇工费，一年收入2万多元。没有徐书记，我没有今天。"

几年时间，中姚堡村建起2800个冷棚，每个冷棚年均效益1万元左右，昔日负债累累的贫困村变成了年人均收入过万元的富裕村。

三、"挣了钱，是群众的；赔了钱，算干部的"

2008年4月29日，徐占海被任命为周坨子乡党委书记，离开家乡中姚堡村，赴任乡党委书记。

前所未有的考验，在等待着徐占海。周坨子乡经济在新民市25个乡镇倒数第二，是沈阳市挂号的贫困乡镇，一年到头，风沙不停。全乡4600多户人家，基本都种苞米。

到各村摸底3个月后，徐占海召开乡党委会，决定把周坨子乡农业发展的路子定位在棚菜生产上。

徐占海亲自带着乡干部在韩坨子村驻村试点。当时，村民大多没有积蓄，贷款也非常难。徐占海带着乡村干部，以个人名义从银行抵押贷款400万元，又从做生意的姐姐那儿借了180万元。为彻底打消村民疑虑，徐占海在村民大会上承诺："我把两把钥匙给你们留下，一个是我的房子钥匙，一个是车钥匙。挣了，是你们的；赔了，算我们这些干部的。"大棚很快建了起来。

徐占海将乡里全部36名工作人员，分成5个组，每组包俩村，每组都有自己的责任区。只要有恶劣天气，乡干部必须出现在自己的责任区。

2009年2月12日，一场暴雪袭来，气温骤降。乡干部村干部纷纷出动，包区、包村、包片，跟老百姓一起清雪、放草苫子，保护棚菜不被冻坏。徐占海一直站在顶壕上放草苫子。

凌晨两点多，女儿穿大棉袄到户外感受一下，没一会儿冻得受不了，跑进屋里抓起电话就喊："爸呀，你还在干活呀？还要不要命了……"

"老百姓挣钱太难了！不干咋整啊，一个大棚六七万元，谁也经不起这个损失啊！"

这一年，行情特别好，村民刘玉林家是全乡第一个卖黄瓜的，一个大棚就卖了2万多元，这可是过去打死都不敢想的事儿。刘玉林第一个给徐占海报喜讯。徐占海激动得流下了眼泪。

2010年5月，周坨子乡降雨量出奇的大。徐占海经常一身泥泞地来到棚区，挨家挨户查看有没有受灾的。棚户们打心眼里感激这位好书记，大伙儿自发给徐占海送来一面锦旗，上书5个大字："焦裕禄在世"。

仅仅两年时间，周坨子乡已发展暖棚3万亩、苹果和葡萄2万亩、冷棚1万亩，农民年人均收入1万多元，在新民市25个乡镇中的排名由倒数第二位排到上游。

四、"汽车轮子，把群众距离跑远了；两条腿，把群众距离跑近了"

徐占海有个在当地人人皆知的绰号"三不书记"。当村党支部书记以后，他就给自己约法三章：不吃请，不赌博，不进舞厅。为了给村里、群众办事方便，自费购买摩托车、手机，却从未在村里报销过一分钱。

群众富起来，干部不能倒下去。徐占海摸索出了群众监督这个好办法。在中姚堡村，徐占海倡议成立了"民主理财监督小组"，每月22日，请村里5名代表"挑刺儿"；在周坨子乡成立了"乡理财监督小组"，每月28日，到财政所审理收入开支情况，公开栏公布。

村民婚丧嫁娶，徐占海都会按当地习俗送上礼金。可自己有事却从不声张。儿子考上高中，女儿结婚，他谁都没告诉。母亲去世，徐占海仍然没有声张，可得到消息的村民，自发来到徐占海家吊唁。徐占海退还了所有礼金、礼品，但他心里非常感动。

当乡党委书记后，徐占海没有将家搬进县城，他的家至今还在距离周坨子乡30多里外的中姚堡村。他平时吃住都在简陋的办公室，偶有闲暇，才回家看一看。当乡党委书记两年，他装着印有自己手机号码的便民联系卡，靠双腿，走遍每一个村屯，每一个村民小组，走到哪，便民卡发到哪，"群众有事能随时解决"。

"汽车轮子，把群众距离跑远了；两条腿，把群众距离跑近了。"徐占海说。

"今日当官别无求，满腔热情解民忧，苦辣酸甜皆甘露，不富百姓誓不休"！

这是徐占海写下的一首诗，表达了这名共产党人的追求！

（来源：《人民日报》，2011-05-04）

# 参考文献

[1] 中共中央党史和文献研究院.习近平关于"三农"工作论述摘编[M].北京:中央文献出版社,2019.

[2] 中共中央国务院关于实施乡村振兴战略的意见[N].人民日报,2018-02-05(4).

[3] 谭德宇.新农村建设中农民主体性研究[M].北京:人民出版社,2017.

[4] 习近平论"三农"工作和乡村振兴战略[EB/OL].(2022-07-06)[2024-10-19].http://www.wenming.cn/wmcz_53697/xl/zyjs_54586/202207/t20220706_6422052.shtml.

[5] 心系"三农"！习近平两会连提乡村振兴,有三项新要求[EB/OL].(2018-03-14)[2024-10-19].http://www.qstheory.cn/zhuanqu/bkjx/2019-05/30/c_1124563054.htm.

[6] 李建兴.乡村变革与乡贤治理的回归[J].浙江社会科学,2015(7):82-87.

[7] 农村人才引进来还要留得住[EB/OL].(2018-07-15)[2024-10-19].https://www.gov.cn/xinwen/2018-07/15/content_5306484.htm.

# 第八章　构建乡村绿色产业结构

乡村振兴走绿色发展道路，对于实施乡村振兴战略具有重要意义。新时代乡村振兴坚持走绿色发展道路，必须发展绿色化农业、现代化产业，以实现生产生活方式绿色化转型。党的二十大报告指出："中国式现代化是人与自然和谐共生的现代化。"作为中国特色社会主义乡村振兴道路的七根支柱之一，"坚持人与自然和谐共生，走乡村绿色发展之路"的首要任务就是构建绿色农业产业结构，根据市场需求推进农业结构调整，充分利用山水、田园、人文等资源优势，依托自然优势发展特色产业，壮大村级经济。通过大力发展绿色生态产业，积极发展现代农业、乡村旅游等产业，探索、形成"生态+"复合型经济发展模式，培育人与自然和谐共生的绿色发展新动能，依靠科技引领推进农业转型升级，目的是加大绿色优质农产品供给，逐步建立起增收效果好、环境效益高、可持续发展的产业结构体系，最终实现产业强、百姓富、生态美的统一。

## 一、推进产业结构生态化

《乡村振兴战略规划（2018—2022年）》指出："实施乡村振兴战略是建设现代化经济体系的重要基础。农业是国民经济的基础，农村经济是现代化经济体系的重要组成部分。乡村振兴，产业兴旺是重点。"[1] 道路全部硬化、整治村容村貌、农村道路全部亮化等都是需要基础的，没有产业的发展，这些都无法实现。推进乡村产业结构调整与农业绿色发展二者缺一不可，产业兴旺不能以牺牲环境为代价，生态振兴离不开乡村产业发展，因此，新时代破解乡村产业结构与生态保护二者之间矛盾的关键在于让农业"绿起来"。乡村构建绿色产业结构，并非要退回到传统农业发展模式，而是要鼓励和扶持农民以本地独特资源为立足点发展特色农业、乡村旅游、庭院经济等，多渠道增加农民收入。因此，绿色农业产业结构的本质是以科学技术为支撑、以现代投入品为基础的集约产业模式。在乡村振兴中，"深化农业供给侧结构性改革，构建现代农业产业体系、生产体系、经营体系，实现农村一二三产业深度融合发展，有利于推动农业从增产导向转向提质导向，增强我国农业创新力和竞争力，为建设现代化经济体系奠定坚实基础"。[2]

2018年中央农村工作会议指出，"必须深化农业供给侧结构性改革，走质量兴农之路。坚持质量兴农、绿色兴农，实施质量兴农战略，加快推进农业由增产导向转向提质导向，夯实农业生产能力基础，确保国家粮食安全，构建农村一二产业融合发展体系，积极培育新型农业经营主体，促进小农户和现代农业发展有机衔接。"乡村绿色产业结构的构建离不开科学合理的规划，我国地域辽阔、物产丰富，每个乡村的地理环境、文化内涵、风貌特色等方面都存在差异，其本身发展潜力和服务乡村功能也各不相同，因此，乡村绿色产业发展的规划也应因地制宜、因村施策，立足乡村实际，科学编制乡村绿色发展建设规划，着重体现乡村绿色优势、地域文化特色及时代特征，充分发挥规划的引领作用，推动一二三产业向优质、绿色方向发展，实现可持续性发展和绿色全覆盖。

第一产业方面，要将资源节约型和环境友好型的两型农业作为抓手，围绕转变农业发展方式，以提高资源利用效率和生态环境保护为核心，构建资源节约型、环境友好型农业生产体系。可立足乡村资源和基础，发展特色和优势农业。一方面，发展资源节约型农业。加速提高农业各类资源集约化利用水平，提高土地产出率、农业资源利用率，推动节本，提质增产；合理布局种植业与禽畜养殖业，推进种养循环发展；加快推进农业废弃物资源加工再利用，提高资源利用率，实现传统农业的绿色转型升级。另一方面，发展环境友好型农业。立足各地资源禀赋，深入挖掘休闲观光、农业体验、特色文化体验、康养等多种农业新业态；完善绿色农业产业结构，深入实施农事生产化肥农药减量试点行动，发展生态农业，完善绿色果蔬、健康畜禽等绿色生态农业链，依靠科技引领农业绿色化转型，打造绿色农产品品牌。[3]

第二产业方面，打造生态工业，构建乡村绿色生态工业体系，开拓乡村新型工业化道路，可立足城镇工业园区，依托乡村优势资源，发展独具特色的环境友好型和资源节约型工业。生态工业以现代绿色科技为支撑，以科学、系统、绿色的综合管理方法变革传统工业，淘汰落后产能，整治、改造高耗能高污染工业，优化工业生产链条，实现清洁生产。在生产模式方面，积极构建科技含量高、资源消耗量少、生产可持续的工业模式，推动实现低投入、低消耗、高产出，促进企业向生产洁净化、资源循环化、发展低碳化方向发展，逐步提升乡村绿色工业发展进程和水平；在工业设施方面，搭建工业园区平台，盘活乡村闲置厂房土地，完善污水处理、供水、供电等一系列基础配套设施建设，积极引入绿色科学技术，依靠科技促进工业技术升级和结构调整，强化科技创新和成果转移转化，全面推进绿色工业提质增效；在工业项目开展上，对乡村区域内相似工业项目合并转移，对不符合国家绿色发展要求的乡村工业项目及时叫停，对新申请的转型产业项目进行严格审查，确保源头有效防治；在制度保障方面，要积极探索建立工业资源共享的利益协调与补偿机制，健全促进工业绿色转型的融资机制，完善激励引导措施，着力营造良好的绿色工业发展环境。乡村绿色发展，不仅要提高农业的绿色化程度，还要推动传统工业产业的转型升级，以确保乡村经济持续稳定增长。

第三产业方面，可依托城市居民的休闲养生需求，立足乡村特色资源和生态优势，创新产业业态，大力加强便捷化的交通网络建设，开发包括农事体验、观光旅游、特色民宿等在内的一体化旅游休闲服务，打造乡村精品旅游项目，把乡村的"绿水青山"转化为农民的"金山银山"[4]；因地制宜地利用特色产业带动加工、餐饮等经营和服务业的发展，拓展产业多功能性，避免造成乡村间同质化的不良竞争，延伸产业链、提升价值链；推进乡村电子商务服务业，补齐乡村电商发展短板，培育乡村产业新业态，充分发挥电子商务在农事信息共享、产品供应、流通和农业多功能挖掘中的作用，鼓励利用互联网打造绿色电子销售平台、农产品营销公共服务网络平台等，创新产品营销方式，提升乡村特色产品品牌影响力，打响乡村品牌战，拓宽销售渠道。同时，在开发休闲农业和乡村旅游业前，应对乡村自身条件有充分的了解，并不是所有的乡村都适合开发休闲农业和乡村旅游业，除乡村的自然禀赋、区位优势、道路交通、市场认知、文化基底以外，人才、创意和资金等因素亦是关键。因此，发展乡村第三产业，不能忽视当地实际情况、盲目跟风，可尝试探索构建多元化的乡村产业经营模式，打造高质量产业联合体。不断完善乡村产业经营模式，探索"农户+合作社""农户+公司""农户+互联网"等多元模式，积极与新型农业经营主体联合生产，与龙头企业、农民专业合作社、家庭农场等新型主体力量联合打造农业产业的利益共同体。"农户+"的经营模式能够弥补资金短缺、人才匮乏、技术落后等劣势，同时要创新农民生产资源要素入股等多种利益联结方式，保障农民在乡村绿色发展中的权益，实现双方共建共治共享。充分发挥农民主导和各类市场主体的作用，促进乡村产业规模化、现代化，实现乡村产业绿色可持续发展。

# 二、引领农业转型升级

农业绿色发展是农业转型升级的一个重要方面，涵盖了绿色生产、绿色产品、绿色产业、绿色环境、绿色政策等方面。目前，我国农业绿色发展仍面临科技创新、社会服务和人才培养等方面的若干挑战。农业的绿色发展是实现生态美、农村美的重要保障。[5] 在2018年，全国共有325个县开展粮食绿色高质高效整建制创建，推动落实粮食安全省长责任制；同时，持续推进化肥农药减量增效，增加绿色农产品供给。大力推进农业转型升级，开展农业绿色发展行动，发展资源节约型、环境友好型农业，逐步把农业面源污染加重的趋势缓下来，把农业资源环境压力降下来。

## （一）发展资源节约型农业，加快推进农业废弃物资源化利用

乡村绿色发展要合理布局畜禽养殖，推进种养结合、农牧循环发展等。一些生猪、奶牛、肉牛养殖大县可以尝试整建制推进畜禽粪污资源化利用。推动落实沼气发电上网、生物天然气并网政策，推进沼渣沼液有机肥利用，打通种养循环通道。东北、华北地区的乡村可以开展秸秆综合利用试点，推广"秸秆农用十大模式"和秸秆打捆直燃集中供热等技术。[6] 西北、西南地区的乡村可以推进农膜回收，加快推进可降解地膜推广应用，淘汰不符合标准的地膜。大力推进耕地质量保护与提升行动，强化土壤污染管控和修复。深入开展大美草原守护行动，推进退牧还草、退耕还林还草等重大生态工程建设，严厉打击破坏草原的违法行为。华北、西北地区的乡村要推广节水小麦品种和水肥一体化等高效节水技术。从国家政

策的角度来看，2016年，财政部、农业部（现农业农村部）联合印发《建立以绿色生态为导向的农业补贴制度改革方案》，提出到2020年基本建成以绿色生态为导向、促进农业资源合理利用与生态环境保护的农业补贴政策体系和激励约束机制。[7] 宜农则农、宜牧则牧、宜渔则渔、宜林则林，我国正逐步构建农业生产力与资源环境承载力相匹配的生态农业新格局，解决农业资源趋紧问题，同时修复农业生态系统，这些都将成为乡村农业绿色升级的方向和助力。

一些地方近年来在乡村环境整治和美化方面投资很大，乡村人居环境得到极大改善，但在环境治理和美化过程中，却忽略了乡村内涵的培育和造血能力的提升，导致发展后劲不足、甚至走了弯路等问题。因此，必须对乡村绿色发展的具体方向进行科学论证，提升乡村的造血功能。应立足本土，扶持培养一批农村基层干部、农业职业经理人、乡村能人，充分发挥他们在乡村绿色发展中的示范带头作用。同时，绿色产业还要有比较优势，各个乡村、乡镇、县域要努力形成"一县一优势、一乡一品牌、一村一特色"的局面，在经济错位发展的地方竞争格局中，立足优势、找准位置，通过营销手段的信息化和产品、服务的标准化，扩大实体产业和产业服务的影响力，增强自身区域生态环境和经济发展的综合竞争力。[4]

## （二）发展环境友好型农业，持续推进化肥农药的减量使用

在农业生产中，农作物病虫害防治离不开农药的使用，农药是重要的农业生产资料之一，对于促进农业生产发展具有不可替代的作用。但目前，农业生产过程中存在农药、化肥、农膜使用量大，有效率低的问题。过量使用农药化肥、盲目使用农药化肥等问题导致环境污染、食品安全性难以保障等。西方发达国家在发展中也曾出现过类似情形，欧盟在20世纪80年代末就立法开展农药减量行动，2006年农药减量计划成为欧盟的强制性政策；荷兰的农药使用量从1985年的2万多吨下降到2012年的5778吨；瑞典、丹麦通过实施农药税控制农药使用量增长。[8] 2015年1月28日，农业部（现农业农村部）召开部常务会议，审议并原则通过《到2020年农药使用量零增长行动方案》。该方案成为中国农业部门农药减施的首个具体执行文件。该文件提出围绕建立资源节约型、环境友好型病虫害可持续治理技术，实现农药

使用量零增长,重点任务是:"一构建,三推进。"一构建指的是,构建病虫害监测预警体系。三推进指的是,推进科学用药,推进绿色防控,推进统防统治。[9] 同时,《到2020年农药使用量零增长行动方案》中,提出力争到2020年我国农药使用量实现零增长。随后,乡村深入实施化肥农药使用量零增长行动,加快高效缓释肥料、水溶肥料、低毒低残留农药推广运用,取得了积极的成效。

这次行动方案为我国农药使用量零增长提出了具体的时间表。自方案实施以来,我国化肥农药有效利用率得到明显提高,有条件的乡村组织开展了有机肥替代化肥试点,进而积极探索有机肥推广使用的有效途径。在充分准备的基础上,可以开展果菜茶病虫全程绿色防控试点,推广绿色防控技术,提升主要农作物病虫绿色防控覆盖率。支持新型经营主体、社会化服务组织、国有农场开展化肥统配统施、病虫统防统治等工作,进一步调整农业投入结构、减少化肥农药使用量、增加有机肥使用量。

## 三、强化绿色转型要素扶持力度

乡村绿色发展是一项长期性系统工程。2022年,中共中央国务院发布了《中共中央国务院关于做好2022年全面推进乡村振兴重点工作的意见》,对推进农业农村绿色发展进一步作出具体部署。我国乡村发展进入了加快推进绿色转型新阶段,一系列复杂性、长期性和系统性问题凸显出来,当前,应瞄准产业绿色转型的刚性需求,加强资金、人才、技术等要素保障,应当推动乡村产业绿色转型升级,增加乡村绿色发展新动能。

### (一)拓宽绿色产业融资渠道

新时代推进乡村绿色发展道路,应"加快形成财政优先保障、金融重点倾斜、社会积极参与的多元投入格局"[10],确保资金保障多元化,拓宽投资渠道,为乡村绿色转型提供有力的资金支撑。打通社会融资渠道,整合和统筹衔接各类资源,构建政府引导、企业带动、社会参与、多方投入的投融资机制,撬动各类社会资本投向农村,联合多方力量共同参与支持乡村绿色发展转型建设;引导银行资本向乡村绿色建设投资倾斜,完善支农、惠农金融政策,依法合规为乡村绿色发展建设提供信贷支持;加强与社会资本投资合作，鼓励社会资本参与运营农村绿色投资项目，发挥社会市场经济的优势，促进企业投资与乡村发展良性互动；鼓励社会力量、农民以生产要素入股，支持和参与乡村绿色发展。完善建设资金多元投入格局，加大对乡村绿色发展建设的资金投入与管理力度，确保乡村绿色发展的经费投入具备稳定的规模和比例，充分发挥政府财政支出的统筹协调作用，形成相对稳定的财政保障方式，确保资金投入的持续性。

## （二）提供多元化人才力量

乡村绿色发展道路工程庞杂，其有序推进的关键在于人。构建人才完备、结构合理的乡村人才体系，吸纳多元人才参与乡村绿色建设，为乡村绿色发展注入新的知识力量源泉和生机活力。一方面，应建设一支绿色科技人才队伍。健全和完善农业农村科技人才培养和引人留人机制，制定科学的激励机制并为其提供良好的工作环境，使专业人才能够以更加饱满的热情投入到绿色农业发展中。另一方面，建设一支新型农民队伍。培养新型职业农民，让新型职业农民成为乡村绿色发展的生力军，充分利用农业专家和科技人才的高水平专业知识、技术，通过组织和参加各种培训活动，提升农民科学文化素养和农业知识技能，使其掌握先进生产技巧、使用绿色技术和设备，改变乡村生产、生活方式，实现生产生活绿色化。

## （三）加强绿色技术保障

绿色技术是推动乡村经济绿色转型升级、实现可持续发展的外在动力，是乡村环境污染治理的关键抓手。加强绿色技术保障应从以下几个方面入手：首先，创新绿色农业生产技术，完善乡村农机配套基础设施，加大农业机械的研发和推广，通过自主研发和引进先进的机械生产设备，有效降低劳动力的投入和劳动强度、提高生产效率，优化农业生产过程，推动农村产业整体走向机械化、现代化。其次，推进农机设备智能化，通过使用大数据等信息技术来实现智能化的农业生产，提高生产效率，减少资源的浪费以及污染，重点开展农业大数据建设工作，从而提高机械自动化作业水平，在农业播撒、耕种、巡检、采收等环节实现自动作业和精准作业，提高农业生产效率和质量，满足农业规模化生产和精细化生产需要。最后，大力发展节水灌溉、配方施肥、病虫害绿色防控等节本增效的农业技术。通过大力发展节水灌溉技术，不仅能够在很大程度上提高水资源的利用效率，还能实现节约水资源的目的；通过推广测土配方施肥技术，能够实现依据土地具体情况精准施肥的目标，不仅减少了用肥的数量，还提高了用肥的质量；在对农业病虫害防治方面开展绿色防控技术，能够有效减少化学农药的使用数量，这对保护生态环境、提高农产品的质量和安全具有十分重要的意义。

## 经典案例：

### 湖南安仁县立足乡村生态资源发展旅游
### 打造稻田公园 补上发展短板

最初许多老百姓对靠风景挣钱心存疑虑，现在大家纷纷点赞。稻田公园开园以来，已接待游客超过1000万人次，为安仁县带来旅游收入近25亿元。

前些天虽然天气炎热，在湖南省郴州市安仁县永乐江镇新丰村，仍有不少游客前来游玩。一望无际的绿色稻田、五颜六色的花园果园、古朴典雅的徽式民居，组成一幅秀美的山水田园画。

新丰村藏在罗霄山脉的层层褶皱里，原本贫穷落后、环境较差，现在却风景如画，搭上了乡村旅游快车。蝶变，是如何发生的？

一、稻田变公园，村庄换新颜

绕村而过的永乐江和大山一道，把新丰村环抱起来。山水之间，近2000亩稻田连成一片绿海，两条笔直的村道交叉其间，呈"十"字形。从高空俯瞰，这幅美景巧妙地书写出一个巨大的"田"字。

过去可没有这样的好景致！"五六年前，这上千亩水田还被割成许多小块，由几百户农家分别耕种。宽的宽、窄的窄，高的高、矮的矮，毫无美感可言。"在新丰村驻村13年的永乐江镇工作人员蔡春林回忆道，以往村里垃圾随手扔，污水随意排，环境脏乱差。

"辛辛苦苦种两季稻，每亩地一年纯收入才六七百元，不挣钱啊！"村里的老支书李善文说，"许多村民都出去打工了，水田以一年一亩100元的价格出租，都没人要，不少都撂荒了。"

稻田能变成生态湿地和美景吗？2012年，安仁县重新审视乡村资源与发展短板，决定以新丰村等村庄为核心打造稻田公园，让乡村既产粮食又产风景，发展旅游带动脱贫。

打造稻田公园，一个最现实的问题摆在眼前：钱从哪里来？安仁县委、县政府将27个部门的4000余万元涉农项目资金"打捆"使用，平整高低不一的土地，硬化绿化6条村道，新建1.6万米高标准水渠。小块田变大块地，灌溉有新水渠，种稻实现了规模化，不再饱受缺水困扰。

在外经商多年的马焕文，见识比一般的村民更广些，听说村里要发展"美丽经济"，他敏锐地意识到这是一个难得的商机。马焕文回村成立了宝丰农业农民专业合作社，将新丰村2000多亩稻田流转过来。

"无论是花海，还是稻田，都非常漂亮壮观，一定会吸引天南海北的游客。"马焕文说，"每年10月在田里播撒油菜籽，第二年春天就会开满黄灿灿的油菜花。花期过后再种水稻，到当年9月就能成熟，金色的稻浪映衬着山水，观赏价值同样很高。"

经过整治，新丰村脱胎换骨：稻田变公园，田埂变观光道路，建筑变美观民居；遍地的垃圾不见了，生活污水不再乱排，动物粪便难觅踪影。秀美的村庄，勾起人们对田园山水和农耕文化的向往。2014年3月稻田公园开园后，光是每年3月的油菜花节，就能吸引200多万观赏者。

二、风景能卖钱，农民日子甜

"好风景能卖钱。"头脑活络的马焕文开起了村里第一家农家乐，旺季时一天要接待五六十桌客人。有榜样带动，勤劳的村民干劲十足，转身变成了经纪人、生意人、管理人。他们有的开农家乐，有的建起了草莓、葡萄、菊花、艾叶等生态产业基地，还有的出租四轮单车、卖土特产。

去年，新丰村"两委"换届选举，致富带头人马焕文当选为村主任。他承包的稻田，如今已成为省级农业龙头企业的生产基地。

如今，新丰村实现了"春赏油菜花、夏看映日荷、秋观金色稻、冬踏田园雪"。稻田公园被评为国家4A级景区，吸引力不断提高，名气越来越大，游客数量逐年增加。贫困户吃上了旅游饭，腰包鼓了起来。

69岁的贫困户何财生一家前几年遭遇重创。2015年，何财生的老伴在一场交通事故中伤了腿，不能走路。几个月后，老何又不慎从家里的二楼摔下去，腰部受了重伤。老两口不但干不了重活，还要治病吃药，花费不小。

考虑到他们的困难，村里将何财生家纳入建档立卡贫困户。曾当过兵、有50年党龄的老何，一心想乘着发展旅游的东风，早点摘掉贫困户的"帽子"。今年，他主动向村"两委"提出脱贫摘帽要求。

"我家11亩地都流转了，每亩每年租金700元。在稻田公园打扫卫生，每月工资500元。我还可以卖点土特产、小玩具，每年可以挣好几千块钱。细算一下，我肯定达到了国家脱贫标准！"老何拍着胸脯，信心满满。

游客云集，给贫困户杨秋华带来了转机。杨秋华有制作当地名小吃"烫皮"的好手艺。每天下午，她都会在村口摆摊。向游客出售鲜美可口的柴火手工烫皮。

"先用石磨磨出米浆，再用旺火蒸成薄薄一片米皮，加上辣椒酱、豆角等，卷成筒状，就可以吃了。"杨秋华说，"一个烫皮卖6元，最多的时候一天卖六七百元呢！家门口就能赚钱，如今的日子过得甜！"

2013年，新丰村农村居民人均纯收入三四千元，到2017年，已超过1万元。

（来源：《人民日报》，2018-09-08）

# 参考文献

［1］　中共中央 国务院印发《乡村振兴战略规划（2018—2022年）》［EB/OL］.
（2018-09-26）［2024-10-20］. https://www.gov.cn/zhengce/2018-09/26/con-
tent_5325534.htm.

［2］　张国云. 全面乡村振兴 吹响资本上山下乡集结号［J］. 杭州金融研修学院
学报，2021（5）：54-58.

［3］　秦璐. 新时代我国乡村绿色发展研究［D］. 沈阳：沈阳师范大学，2024.

［4］　常纪文. 在乡村产业发展中做好生态文章［EB/OL］.（2018-09-29）［2024-10-
20］. http://theory.people.com.cn/n1/2018/0929/c40531-30320354.html.

［5］　本刊编辑部. 三大趋势揭示乡村振兴密码［J］. 乡村科技，2019（1）：5-6.

［6］　农业部关于大力实施乡村振兴战略加快推进农业转型升级的意见［EB/
OL］.（2018-02-19）［2024-10-20］. https://www.gov.cn/xinwen/2018-02/19/
content_5267621.htm.

［7］　程书苗. 探究新时代基层农技人员提升服务"三农"的技能［J］. 河南农
业，2018（16）：11-12.

［8］　农业部启动"农药零增长"课题研究 绘制我国农药减量路线图［EB/
OL］.（2015-07-19）［2024-10-20］. https://www.gov.cn/xinwen/2015-07/19/

content_2899621.htm.

［9］ 关于印发《到2020年化肥使用量零增长行动方案》和《到2020年农药使用量零增长行动方案》的通知［EB/OL］.(2015-09-14)［2024-10-20］. http://www.moa.gov.cn/ztzl/mywrfz/gzgh/201509/t20150914_4827907.htm.

［10］ 中央一号文件提出加快形成乡村振兴多元投入格局［EB/OL］.(2018-02-05)［2024-10-20］. https://www.gov.cn/xinwen/2018-02/05/content_5264047.htm.

# 第九章　加强人居环境整治

农村人居环境治理是乡村振兴的重要任务之一，也是改善乡村环境"脏乱差"旧面貌的必要途径之一。乡村人居环境的改善对于提升农村居民的生活质量，改善生态环境，促进乡村全面振兴具有重要意义。2018年，中共中央办公厅、国务院办公厅印发了《农村人居环境整治三年行动方案》，自行动实施以来，各地区各部门认真贯彻党中央、国务院决策部署，全面扎实推进农村人居环境整治工作，农村人居环境得到了明显改善，村庄基本实现干净、整洁、有序，农民群众环境卫生观念发生变化、生活质量普遍提高，为乡村全面振兴提供了有力支撑。但是，我国农村人居环境总体质量水平不高，与农业农村现代化要求和农民对美好生活的向往还有差距。2021年11月，中共中央办公厅、国务院办公厅印发了《农村人居环境整治提升五年行动方案（2021—2025年）》，提出："到2025年，农村人居环境显著改善，生态宜居美丽乡村建设取得新进步。"[1] 2024年，《中共中央　国务院关于学习运用"千村示范、万村整治"工程经验有力有效推进乡村全面振兴的意见》（2024年中央一号文件）对农村人居环境整治进一步提出了要求："深入实施农村人居环境整治提升行动。"因此，如何更大力度推动农村人居环境整治，贯彻绿色发展理念，建设美丽乡村，同时做好农村人居环境整治的"面子"和"里子"工作，给乡村居民一个干净、整洁、有序、便利的生活环境，成为社会各界普遍关注的问题。笔者认为，改善农村人居环境，应从改善农村常住人口结构、合理有效处理生活垃圾和生活污水、改善农村厕所现状、推进秸秆处理措施、改善住宅条件等方面入手。

# 一、改善农村常住人口结构

农村人口结构是农村人口的一个重要方面，是依据农村人口所具有的不同属性来划分的农村总人口内部各个组成部分的比例关系及其相互关系。根据农村人口结构的自然、经济和社会的不同属性，可将其划分为农村人口自然结构、经济结构和社会结构。[2] 农村人口自然结构包括农村人口的年龄结构、性别结构；农村人口经济结构主要包括农村人口的就业结构、收入结构和消费结构；农村人口社会结构主要包括农村人口的教育结构、婚姻结构和家庭结构。当前，我国农村常住人口呈现数量下降、老龄化严重、性别比例失调、教育水平普遍偏低等特点。我国农村常住人口的自然结构、经济结构、社会结构均出现失衡现象，不仅严重影响农村经济的发展，更是推进实施乡村振兴战略和乡村绿色发展的一大难题。这就要求改善农村常住人口现状，为乡村振兴提供一个充满朝气和活力的农村人口环境。

一是以特色产业吸引劳动力。以特色产业吸引劳动力是推动乡村经济发展、促进就业的重要手段。乡村特色产业往往是基于当地的自然资源、人文历史、地理位置等因素形成的，具有独特的竞争优势。乡村特色产业往往具有较高的附加值和较强的带动作用，能够有效吸引各方劳动力，吸引外出务工的农民和学有所成的知识分子返乡。针对不同类型的产业，制定不同的发展策略，不断优化低端产业，坚持提升高端产业。完善农村地区的人力密集型产业，充分发挥养殖业、乡村旅游业等优势产业的作用，通过不断做大这些优势产业吸引更多的劳动力到农村就业。同时，通过一些促进县域经济发展的举措，因村制宜，充分挖掘各乡村的人文和地理特色，促进乡村经济发展，留住青壮年人口。加强对特色产业的扶持，通过政府财政供给侧结构性改革形式，调整这些优势产业的发展模式，不断形成产业集群，以此延长产业链条，通过产业的发展，吸引更多的劳动力来农村就业。通过岗位和工资水平的调整留住更多的劳动力在农村地区发展，以此确保劳动力的合理供给[3]。二是通过促进农村资源集约配置，将农村的资源要素进行合理调配，根据人口结构和县域及乡镇产业布局，把农村资源配置到重点的聚集区域，同时加强聚集地的功能服务建设，为乡村提供良好的人居环境。三是改善农村公共服务，缩小城乡之间的差距，建立健全农业服务体系，提升农村教育质量，大力发展农村医疗卫生，丰富农村文化生活，配置农村公共生活设施等，增强农村社会活力。四是进一步优化村落布局，城镇化的发展避免不了农村人口的市民化，对于一些空心化严重、分散且规模较小、环境恶化且基础设施设备差的村落进行优化合并。当然，在这个过程中应坚持"有序推进、民主自愿"的原则。五是加强职业农民的培训，提高农民的综合素质，各乡村根据实际情况，培养有针对性的农业技术人才，规模经营绿色农业，发展都市农业、田园农业和绿色农产品加工业，促进农村绿色经济的发展。

## 二、合理有效处理农村生活垃圾

农村生活垃圾一般包括厨余垃圾、纤维类垃圾、纸张、粉煤灰、地膜等废弃塑料、废电池、秸秆、建筑垃圾等，可分为可再生利用、可焚烧、填埋类型，与城市生活垃圾分类有相似之处。农村居民对垃圾堆放和焚烧的危害认识不够，加之居住分散，使得垃圾收集的难度较大。农村生活垃圾处理得不彻底是农村人居环境"脏乱差"的最直接因素，科学有效地处理农村生活垃圾，对改善农村人居环境具有重要意义。一是加大绿色环保宣传和生活垃圾科学处理的力度，提高农村居民的环保意识和环保能力，引导村民养成垃圾分类处理的文明健康生活习惯，提高村民对垃圾有效分类处理的主动性和自觉性。二是根据垃圾的不同分类，采用不同的处理方式。比如：厨余垃圾可以通过喂养家禽、家畜或采用堆肥的方式进行处理，垃圾中的有机部分可以通过沼气发酵等方式将其转换成清洁能源；对于还田还园、能够回收的固体废弃物垃圾，各乡村应设置至少一个有偿回收站；建筑垃圾应就地填坑铺路或者定点处理；不可回收垃圾应该进行适当的覆盖和消毒后，由垃圾处理场合理填埋或有效处理；有毒有害垃圾应该按照相关规定进行科学处理。三是要加强各乡村的环卫基础设施建设和队伍建设。按照农村居民的多寡建设合理耐用的垃圾收集池，可以乡村为单位或者相邻乡村建设一个封闭的不影响周边环境的垃圾生态处理池，同时，有条件的乡村还应配备垃圾处理设备和垃圾回收方面的专业技术人员。四是加强乡村垃圾处理管理，各村组建卫生监督管理小组、保洁小组等，乡镇或者上级领导应不定时对卫生保洁小组进行考核。五是加大对农村生活垃圾处理的资金投入，拓宽资金的来源渠道，比如乡镇政府投入、县级财政补贴、企业赞助、村民自筹等。乡村生活垃圾的有效处理需要政府、企业、村民的共同努力,在垃圾处理过程中,通过垃圾分类、集中处理、沼气利用,提升村民绿色环保意识等措施能够有效减少垃圾对乡村环境的污染,为乡村绿色发展贡献力量。

# 三、合理有效处置农村生活污水

乡村生活污水是指乡村地区居民生活所产生的污水,主要包括炊事、洗衣、清扫等生活行为产生的污水。我国乡村面积广阔、居住分散,导致乡村污水集中处理难度较大,处理率低,难以自然消解的生活污水成为造成农村生态环境污染的重要因素。因此,加强农村生活污水处理至关重要。一是加强政府的引导,科学规划乡村生活污水处理设施的建设。针对各乡村没有污水处理设施、设施杂乱无章、设施废旧等状况,乡镇政府应加强管理和积极引导,科学合理地规划乡村污水处理设施建设。二是可以引进市场化机制。当前,农村村庄缺乏统一规划,污水分布较分散,导致污水管网建设难度大、管线长、投资大。如果全部依靠政府财政投入,建设资金缺口较大,短时间内难以解决,从而严重影响农村生活污水处理工程配套管网建设。可以考虑采取市场化运作,推进农村生活污水治理的优惠政策(如税收优惠等),根据污水处理工程建设运行情况给予政策奖励或财政补助,鼓励和引导社会力量和资金投入农村生活污水治理中,推进农村生活污水处理工程及配套管网的建设。三是村民乱泼乱倒现象背后的主要原因是村庄排水管道不合理或尚无排水管道,要想杜绝村民乱泼乱倒现象,解决农村污水收集难题,应加强对农村污水处理的管理和技术支持,杜绝形象工程,各乡村应根据村落规模大小、村民聚集度、村民经济水平等各方面因素,选择适宜本村建设的污水处理措施和处理技术,常见的农村生活污水处理技术主要有化粪池处理法、物理处理法、化学处理法、生物处理法、生态处理法等。比如:村镇规模大、经济水平较高且土地紧张的乡村,可以通过建设地下管网,将污水输送到污水处理中心,统一科学处理;而村镇规模小、经济水平偏低且土地宽裕的乡村,可以通过生态处理或者化粪池净化,排放再利用。四是加大各村镇污水处理及设施建设维护的资金投入,同样可以通过乡镇政府投入、县级财政补贴、企业赞助、村民自筹等途径保证资金来源。

# 四、进一步改善农村厕所现状

近年来，厕所革命虽取得可观成就，全国农村卫生厕所普及率超过73%，有力改善了农村人居环境，提升了农民群众生活品质和卫生健康水平；[4]但是农村厕所问题依旧严重，进一步推进农村厕所改革，对整治农村人居环境和农村生态环境具有重大意义。2021年7月，"习近平总书记强调'十四五'时期要继续把农村厕所革命作为乡村振兴的一项重要工作，发挥农民主体作用，注重因地制宜、科学引导，坚持数量服从质量、进度服从实效，求好不求快，坚决反对劳民伤财、搞形式摆样子，扎扎实实向前推进。各级党委和政府及有关部门要各负其责、齐抓共管，一年接着一年干，真正把这件好事办好、实事办实。"[5]当前，为了在农村更好地推进厕所革命，可以选择以下三种方式。

## （一）树立改厕典型，发挥示范引领作用

以典型示范引领乡村改厕是推动乡村改厕工作全面推进的有效手段。综合考虑辖区村庄的实际情况和自然禀赋，确定合适的试点村庄，尤其是"千村示范、万村整治"的示范村，要率先实现卫生厕所全覆盖。首先，宣传先行先试地区的经验、做法，发挥典型村镇的带动引领作用，做好参观学习的工作计划，结合工作需要和现实表现，科学选派地方领导干部到示范地区进行参观学习，并对参观过程全程记录，通过多种渠道进行宣传，如利用电视、广播、网络平台等进行安全推广。结合改厕工作进展，做好阶段性表彰和评奖评优，最大限度地激发基层干部的干事热情。其次，加强厕所建设示范和卫生健康宣传力度，通过示范引领、技术培训、资料宣传、开会学习、调查入户等形式，充分调动村民改善自家厕所的积极性和主动性，同时提高村民的环境保护和资源节约意识，进而改善农村人居环境。针对家庭主要劳动力进城务工的家庭，基层干部要做好针对性宣传。在全国各地开展的改厕运动中，通过大面积的宣传来提升农民认知，起到了广而告之的效果，推动了厕所改造工作的开展。但是部分农村家庭主要劳动力常年进城务工，使得这一部分人并没有被宣传所覆盖，致使农村改厕工作的效果受到影响。所以，以此类人为目标进行宣传时要增强针对性，挑选他们回到故乡的节假日

或者其他时候对他们展开见缝插针式的宣传。加强宣传形式的针对性，依托新媒体平台，可尝试针对性地添加此类人员微信，通过创建改厕工作群、发布朋友圈小视频等方式，有针对性地开展宣传工作。最后，持续发挥村民委员会作用。当今农村社会，乡土亲情仍然是社会关系的主流，是乡村社会体系的主要骨架。这样的社会关系也会对基层干部开展工作提出考验，导致他们在开展工作时必须兼顾"法理"和"人情"。面对这种情况，可以通过增强村委会作用，形成及时的良性互动关系，为基层政府工作带来正向效益。通过组织召开村民会议、推进会、入户走访等方式，面对面地与村民交流，了解村民内心深处的真实想法，并有针对性地进行解决，可以最大限度地提高村民满意度，激发改厕积极性。

树立改厕典型并充分发挥示范作用对于推动乡村改厕工作具有重要意义，通过明确标准、广泛宣传等措施能够有效推动乡村改厕工作的深入开展，有效改善乡村人居环境，提高乡村居民生活质量。

## （二）政府应继续加大资金支持

为顺利推进改厕工作的有效实施，根据改厕的等级和地区的差异，国家制定了不同的补贴标准，且允许各地根据当地的经济水平和实际情况进行适当的调整。但现有投入对于深入开展农村厕所革命而言仍然稍显不足，而这也导致了当前一些地区农村厕所革命的推进困难。首先，应合理规划农村厕所建设，针对没有任何厕所设施的农户进行资金、技术等的帮扶和引导，加以一定程度的强制规定，针对未完成改建的普通旱厕，通过资金补贴帮助完成厕所改建，同时将改厕工作和乡村振兴紧密结合，让政府有责任、农户有义务结合地方财政状况酌情加大财政投入，能够更好地推动农村厕所革命。一方面，加大财政投入的总量。当前，农村开展的人居环境整治工作在一定程度上依赖于政府财政投入，虽然我国近年来不断加大对农村人居环境整治和厕所革命的投入，但相对于实际建设所需资金来看，还远远不够，所以可以通过继续加大财政投入来加快农村厕所革命进程。另一方面，合理进行资源配置，提高资金利用效率。在资金分配上，要做到效率优先，而非单纯地追求各方平衡，可以结合各地区实际财政情况与发展状况确定资金分配方案。注重地区间的帮扶促进，对于已经拨付的资金，注意提高资金利用效率。其次，树立市场化思路，吸引社会资金。农村地区厕所改造工作盈利变现困难，导致社会资金对于流向乡村改厕望而却步。可以通过重新审视农村厕所整体价值，突出排泄物的商业价值，创新合作模式的方式解决这一问题；可以吸引有机肥生产制造厂家开发农村厕所，或在此基础上开展农村厕所整体对外承包；也可以结合本地特色，化整为零，就地吸引本地中小商户在厕所墙壁进行广告投放。最后，多渠道引入资金，扩大资金来源。在国家和各省、市、县、乡政府投入资金的基础上广泛探索其他资金来源，拓宽资金渠道，形成财政合力。一方面，积极鼓励农村居民筹资筹劳，让农村居民能够主动积极参与农村厕所革命；另一方面，加强与环保组织的长期合作，吸引公益资金流入农村。

### （三）加强厕所改造工作的后续管理

当前，厕所改造工作已经取得了一些阶段性成果，但是对于已经改造完毕的厕所，也存在着验收、管理、监督等方面的欠缺和不足，极大地影响了后续厕所革命的扩大化开展。

首先，发挥第三方机构在改厕验收时的作用。针对改建完成的厕所验收难的问题，可以通过政府购买的形式，聘请专业检验机构进行检验服务。政府根据政策文件要求和"生态宜居"的目标导向，结合本地实际，合理出台考核要点，并与检测机构深入沟通交流，阐明目标要求。通过第三方机构开展广泛检验，提高检验覆盖度和严格程度，并做到及时沟通、定期反馈。政府对于第三方机构的监督作用应贯穿验收工作的全过程。既要尊重第三方工作成果，又要及时针对验收机构在工作中存在的问题提出意见，促进工作更好开展，对于检验过程和结果也要做到及时分析、及时归档。

其次，完善长效管护机制。为了更好地推进农村厕所改建政策的落实，可以探索建立改建完成后的长期管理维护机制。第一，引导各地区出台并完善相关政策条例，为后期管理维护提供工作标准与依据。对改建完成的厕所进行使用情况和管理情况的定期检查，对于运行和管理较好的地区可以给予适当的财政奖励。第二，建立不定期抽查机制。明察与暗访相结合，明确奖惩标准，对抽查结果进行统一汇总，对于工作开展良好的地区和工作开展有所欠缺的地区进行合理奖惩，以达到推动工作更好地开展和促进工作人员工作进步的目的。第三，把厕所改建工作同市场化机制有机结合，鼓励有资质的企业积极参与到厕所运行维护的全过程，以此完善长效管护机制，促进厕所革命能够有序推进、建管并重、长效运行。

最后，健全配套政策制度。厕改的配套政策制度是推动乡村改厕工作顺利进行的重要保障。第一，明确建改标准，结合各地具体气候情况和自然条件，提出具有本地特色的地方性建厕改厕标准，使厕所革命与当地政策相适应，建成老百姓真正用得上、用得好的厕所。第二，监督审查制度。结合工程质量标准，明确施工要求，确保各个环节项目施工的标准性。第三，坚持承建单位准入制度，设立行业门槛，严把从业资格审查关和施工成果验收关，严格保证清退制度，确保施工资质。第四，确立明确验收指标，建立专业化的验收队伍，严格保证对于粪污排放的检查力度，确保排放安全达标。第五，完善后期维护管理制度，摒弃以往"重建轻管"思维，做到"建管并重"，设置专门管理部门或以由政府购买公共服务的形式加强后期管理维护，明确工作流程，制订工作计划，保证全程参与，做到及时解决问题。

根据乡村条件，进一步推进厕所革命应遵循因村制宜的原则，各乡村采取具有针对性、差别性的方案和举措，科学有力地推动农村厕所革命。比如，针对水资源紧缺的村庄，就不宜建设使用水量过大的水冲式厕所，可以选择干封式粪尿分集蹲便厕所，这样不仅节约了水资源，也有效解决了乡村厕所问题。处理好厕所粪便垃圾，比如通过村庄沼气池净化处理，将其转化成热能、肥料等，实现粪便的循环再利用。落实改厕资金和责任管理，政府资金补贴应及时足额到位，并且加强乡村厕所管理，及时维修，着力推进乡村厕所全面改革。

## 五、进一步推进秸秆综合利用工作

秸秆是一种农业废弃物，同时具备丰富的资源价值和多种用途。我国是农业大国，农作物秸秆产量大、分布广、种类多，长期以来一直是农民生活和农业发展的宝贵资源。改革开放以来，在党中央、国务院强农惠农政策支持下，农业连年丰收，农作物秸秆产生量逐年增多，但秸秆随意抛弃、焚烧现象严重。这不仅造成资源浪费，更存在污染环境、威胁道路交通安全等危害。由此可见，优化秸秆处理方式至关重要。因此，需要进一步推进秸秆综合利用工作，优先开展就地还田；推进秸秆发电并网运行和全额保障性收购；开展秸秆高值化、产业化利用，落实好沼气、秸秆等可再生能源电价政策。

## （一）提高秸秆农用水平

我国农作物秸秆量位居世界前列，每年都有超过一半的秸秆被直接焚烧，秸秆焚烧极易产生环境污染尤其是雾霾，其产生的烟雾对大气能见度产生直接影响，具有引发交通安全事故的潜在危险。并且，焚烧秸秆极其容易引发火灾，造成严重的人身及财产损失。此外，焚烧秸秆还会对土壤结构造成破坏，引发水土流失，降低作物产量。因此，秸秆不能"一烧了之"，关键是提高秸秆农用水平，坚持秸秆综合利用与农业生产相结合。乡村可以尝试提高秸秆农用水平，从秸秆还田肥料化利用、秸秆饲料化利用、秸秆基料化利用等方面入手。

### 1. 重点抓好秸秆还田肥料化利用

秸秆就地还田、将其作为有机肥料，通过不同方式将其归还自然是一项重要的农业实践。秸秆还田能够有效防止其焚烧造成的大气污染，且能够有效改善土壤结构和肥力，相比秸秆的其他处理方式，就地还田是现阶段秸秆综合利用最直接、最有效的途径。乡村应充分利用国家农机购置补贴政策，加大秸秆机械化还田新机具、新技术推广应用力度。结合作物品种、茬口布局等特点，推进农机与农艺融合，制定具体实用的秸秆机械还田技术规范，积极开展示范，完善技术体系，优化作业模式，实现秸秆粉碎就地还田。开展农业循环经济试点示范，推广"秸秆—牲畜养殖—能源化利用—沼肥还田""秸秆—沼气—沼肥还田"等循环利用模式。

### 2. 大力推进秸秆饲料化利用

秸秆饲料化利用是将农作物秸秆转化为动物饲料的过程，秸秆作为饲料，营养丰富、成本低廉、环保可持续，这种利用方式有利于提高秸秆资源的附加值和综合利用率，乡村可以尝试秸秆"三贮一化"（青贮、黄贮、微贮、氨化）技术和秸秆养殖技术，探索多种形式的秸秆贮存使用方式。[6]积极培育秸秆饲料加工企业，促进秸秆饲料规模化利用，养殖户可以利用秸秆发展牛羊草食畜牧业。

### 3. 积极拓展秸秆基料化利用

推广以秸秆资源为基料的食用菌生产，充分利用农村丰富的稻草、麦秆、玉米芯等资源，因地制宜地发展食用菌生产，增大秸秆利用量。有条件的乡村可以重点扶持建设一批秸秆机械自动一体化基料化利用加工点，促进秸秆粉碎后的基料化或无土栽培的原料利用。积极引导秸秆食用菌基料龙头企业、专业合作组织和种植大户扩大秸秆基料化应用。

总而言之，不同地区可根据当地种植业、养殖业特点和秸秆资源的数量和品种，结合秸秆利用现状，选择适宜的综合利用方式。

## （二）提高秸秆收储运水平

目前，国家主要围绕秸秆综合利用产品，给予生产企业支持，但在秸秆收储运、终端产品应用等环节，依然缺乏相应的政策措施。可以说，当前我国农作物秸秆收储运体系尚处于起步阶段，秸秆收集机械化整体水平还比较落后。受各地区种植模式的影响，机械化收集面临一定的困难。秸秆的季节性供应与工业长期使用之间的矛盾，对秸秆的收储设备提出了更高的要求。由于秸秆产业链尚未形成，收集成本高以及体系缺陷，难以满足规模化工业利用的需要。而且，秸秆收集机械存在一次性投资大、作业时间短、机械利用率低等不利因素，也影响了农民购机的积极性。

秸秆作为绿色、可再生的替代能源，其优点和战略价值已经无须赘述。所以，应该更多地着力打通产业链。对于乡村来说，要提高秸秆收储运的专业化水平，关键是在收储运、循环利用以及市场服务等产业链的环节上下功夫。秸秆的收集、运输、配送这一整套系统，如果完全靠企业自己来做，会因为价格过高而增加过多不必要的成本。目前，国内有一些企业正在尝试通过培养秸秆经纪人，由有一定实力的经济实体来打理收购、储存、运输等环节，让农民从处理秸秆等烦琐的事务中解脱出来，企业则可以降低成本，稳定货源。提高秸秆收储运的专业化水平，需要开展以下工作。

第一，建立高效的收集体系。鼓励农民、新型农业经营主体在购买农作物收获机械时，配备秸秆粉碎还田捡拾打捆设备。

第二，建立专业化储运网络。各地要积极扶持秸秆收储运服务组织发展，建立规范的秸秆储存场所，促进秸秆后续利用。

第三，各地应出台方便秸秆运输的政策措施，提高秸秆运输效率。鼓励有条件的企业和社会组织组建专业化秸秆收储运机构，鼓励社会资本参与秸秆收集和利用，逐步实现秸秆收储运的专业化和市场化。

第四，鼓励专业收储运公司运营。鼓励生物质电厂、大型秸秆综合利用企业，以及社会上有资金、有能力、有意愿的企业，投资购置专用设备，成立专业的秸秆收储运企业，实现收储运产业化。完善秸秆经纪人制度，做到可控，最好把经纪人变成收储运实体。

没有机械化的收作，就没有秸秆的规模化收集。只有机械化收储运才能促进秸秆利用标准化、商品化，推动秸秆处理行动可持续化、绿色化发展。

# 六、进一步改善农村的住宅条件

农村住宅是农民生活的基本要素，也是我国推进农村人居环境整治的重要目标。改善农村住宅条件是一项综合性任务，涉及多个方面，其中包括室内环境、基础设施、外观美化等方面。有效解决当前农村住宅建设所面临的问题，需要政府及农民的共同努力。一是各乡镇政府要充分发挥其职能，不仅要促进乡村经济的发展，使农民有能力改善住房条件，更要履行好统筹规划的职能，结合本乡村的人文地理条件统一规划，同时在规划设计、施工管理、质量监管、验收等方面加强监督管理；二是加快推进农村危房和闲置房的改造工作，危房改造的主要对象包括农村脱贫享受政策户、防止返贫监测帮扶对象、农村低保边缘家庭等，危房改造是一项基础性民生工作，具有现实的紧迫性，应由政府出面，宣传、引导和支持危房改建，而对于实在无用的闲置房采取退地还林还耕的办法，最重要的是要切实保障农村贫困家庭的基本住房需求；三是在新农村试点建设中，要合理布局，完善村庄的生活设施设备，住房功能要实用齐全和方便耐用，住宅形式要适应农民的需要，住宅外观要符合当地特色和风貌，住宅建设质量要过硬，住宅建设要拒绝千篇一律、空架子、新危房；四是乡村住房改建，切忌随意大拆大建，更不能损毁乡村的自然风貌，要以生态环保为原则，保存乡村独特的田园价值，保留乡村深厚的传统文化；五是加大提升农村住宅条件的资金支持力度，整合各方面的资金，坚持用途不变的原则，将农村危房改建、闲房还耕、政策移民、易地搬迁、新农村修建等各方面的资金相整合，统筹规划使用，切实缓解农村住宅条件提升资金不足的困难。农村人居环境综合整治，改善村容村貌，为广大农民提供了良好的居住和生活条件，不仅有效解决了我国农村基本生活条件面临的诸多问题，也对进一步推进我国乡村绿色发展和乡村振兴具有重大意义。

## 经典案例：

### 开启"绿色模式"
#### ——打造全国秸秆综合利用新样板的九台实践

一提起过去地里的秸秆是如何处置的，长春市九台区龙家堡村农民孙国福撇起了嘴："那时每到秋收之后，大量秸秆没处放，只能就地烧了，别说地里，就连村里都是燎荒的味儿。"

秸秆焚烧污染大气，如何实现禁烧，这一直是治理难题。2016年，国家发布了《关于开展农作物秸秆综合利用试点促进耕地质量提升工作的通知》，选择部分地区重点开展农作物秸秆综合利用试点。九台区作为全国第一批试点，目前秸秆禁烧情况如何？秸秆综合利用成效怎样？

一、严格禁烧，实现"零火点"

走进九台区龙嘉街道龙家堡村，秸秆禁烧的宣传条幅、刀旗随处可见，在禁烧治理上也到户到人，时时巡逻，这就可以及时发现问题、处置问题。"首先制定网格化管理办法，所有的乡村社干部包保到户，实行昼夜巡逻。"九台区农业局副局长赵树文说。

九台区从2016年开始实施秸秆禁烧，全区自上而下层层设立领导机构，签订了禁烧责任状，把禁烧责任落实到人，落实到地块。这样建立起来的"区督察、镇负责、村管片、组包户、户联防"网格化管理责任制，对全区2384个网格实行严防死守，引导广大农民自觉参与秸秆禁烧工作。"今年还没听说哪家烧秸秆了，空气好多了。"龙家堡村农民陈淑兰说。

"不燃一把火，不冒一处烟，不留一片黑，保持零火点……"九台区副区长李树国说，"九台区现在基本杜绝了露天焚烧秸秆，农村环境得到有效改善。"

二、秸秆还田，反哺黑土地

秸秆不烧，怎么处置？李树国说："秸秆还田变肥料，不仅让土地穿得暖，也让土壤'吃'得好，还防止了风沙风化，这样的效果千金难买。"

九台区组织农业技术部门进行秸秆还田模式推广，结合农民的土地使用实际，根据保护性耕作应用推广情况，以及农民在应用过程中的认可程度，选取大面积适合机械化作业的地区，采取政府统一实施的方式，集中开展了秸秆深松还田、堆沤还田以及宽窄行耕作等模式的秸秆还田示范推广项目，最大限度地实现秸秆无害化利用。2017年，九台区秸秆还田量达到41万吨，占秸秆产量的31%。

秸秆作为有机肥还田，利用量大，既解决了秸秆处理难题，又能改良土壤。秸秆制肥，以肥养田，取之于田，用之于田，形成了良性循环，促进了粮食增产。

三、变身燃料，提高利用率

秸秆禁烧，不仅要"堵"，更重要的就是"疏"——让农民的秸秆有出口，才能真正实现秸秆的综合利用。九台区政府不仅让广大农民了解秸秆的多种用途，还鼓励收贮利用企业就近就地将秸秆粉碎压制固化成型，发展秸秆固化成型燃料产业，替代煤炭等燃料，推进秸秆固化燃料规模化利用。

在九台区龙家堡村，家家户户都用上了秸秆燃具炉取暖做饭，这种燃具炉所用的燃料就是玉米秸秆压块。提起新的燃具炉，57岁的村民孙国福竖起了大拇指，"这个炉子连着暖气、火墙和火炕，早上做饭烧上半个小时就热，屋里始终保持在20多摄氏度，还特别环保。"

孙国福今年种了2公顷地，秋收后，玉米秸秆就堆放在地里，等待秸秆加工企业来将秸秆打包回收。其中有大约2吨的秸秆会在地里直接压缩成块，供农民运回家用作整个冬季的取暖。农田里的剩余秸秆也有人专门处理，企业全部直接压缩打捆回收，加工成饲料、电热厂燃料。

如今，得到实惠的不仅是龙家堡村，九台区在龙家堡等10个村安装炉具5091户（套），柴草不进屯，压缩的秸秆块耐烧、清洁，实现了生物质燃料取暖做饭的新革命。

四、循环农业，开启绿色模式

昔日无处安放的秸秆，如今变成了"香饽饽"。九台区隆达兴养殖合作社，加工车间内秸秆正在粉碎膨化，打碎的秸秆散发出清新的味道。碎秸秆通过传送带送到压缩机内，压缩成型后自动打包。"从秋收之后到第二年种地之前，我们厂可以加工秸秆2万多吨，每个机器一天可加工20吨饲料，牛羊可以直接吃。"厂长黄志民介绍说。

隆达兴养殖合作社有肉牛500多头，每年使用饲料1.2万吨，余下饲料全部外销，主要销往海拉尔、通辽等地。养殖场还新建了1.5公顷的鱼池、饲养蛋鸡5000只。在养殖场，通过秸秆膨化饲料过腹增值饲养牛，牛粪经发酵饲养蚯蚓，蚯蚓喂鱼、鸡，过去不起眼的秸秆，如今让隆达兴养殖合作社走上了一条生态循环农业可持续发展之路。

2016年5月，九台区政府与长春长拖农业科技开发有限公司签订了投资10亿元战略协议，在长春龙嘉国际机场周围、长吉北线、高速公路两侧的黑林子、甘家等10个村，建设10个综合利用产业园，每个园区加工能力在1000公顷以上。目前，已完成的10个秸秆综合利用产业园投产达效。

走进长春长拖农业科技开发有限公司九台分公司基地，大型秸秆处理设备正在对收集好的秸秆进行处理。这些秸秆将被加工成燃料、饲料等。基地负责人张强表示，基地一年可收集10万吨秸秆，每年加工的秸秆燃料供给农户和发电厂使用。据介绍，秸秆加工为生物质燃料后，每吨平均价格在400元至500元。

另外，九台区政府始终坚持秸秆肥料化、饲料化、能源化、基料化、原料化等"五化"利用，2017年，九台区的秸秆综合利用与禁烧工作被列为全国20个样板县之一。2018年秸秆综合利用率达到88%以上，促进了农民增收，推动了农业提质增效绿色发展，有效减轻了秸秆焚烧对环境的污染。

（来源：《吉林日报》，2018-12-28）

# 参考文献

[1] 中共中央办公厅 国务院办公厅印发《农村人居环境整治提升五年行动方案（2021—2025年）》[EB/OL]. （2021-12-05）[2024-10-21]. https://www.gov.cn/zhengce/2021-12/05/content_5655984.htm.

[2] 宋延勇.陕甘宁地区农村低收入家庭住宅现状统计分析研究[D].西安：西安建筑科技大学，2014.

[3] 关丽爽.瓦房店市农村人口老龄化现状及对策研究[D].大连：大连海洋

大学,2022.

[4] 农业农村部关于开展农村改厕"提质年"工作的通知[EB/OL].(2023-04-17)[2024-10-21].https://www.gov.cn/zhengce/zhengceku/2023-04/24/content_5752921.htm.

[5] 中国农网评论员.农村改厕,求好不求快[N].农民日报,2021-07-24(1).

[6] 严正平,高龙.巴东县农作物秸秆露天禁烧与综合利用探讨[J].现代农业科技,2016(13):216-218.

# 第十章　培育发展绿色乡村文化

截至2023年，我国仍有4.9亿人生活在农村，乡村居民是乡村绿色发展的参与者、践行者、获益者。提升乡村居民绿色发展意识是实现乡村生态振兴的重要途径。近几年，党和国家高度重视乡村文化建设，不断加大对文化产业政策的扶持力度，但是要实现乡村绿色文化建设之美，还需要在发展乡村经济和丰富物质财富的同时，推进乡村绿色文化入脑入心。充分发挥文化感染人、鼓舞人、教育人的功能，凸显绿色文化的理论支撑，把绿色文化融入乡村发展的全过程。

## 一、挖掘传统乡村治理中的绿色传统

习近平总书记在2013年年底召开的中央城镇化工作会议上提出，城镇建设"要体现尊重自然、顺应自然、天人合一的理念，依托现有山水脉络等独特风光，让城市融入大自然，让居民望得见山、看得见水、记得住乡愁"[1]。这同时提醒我们要挖掘传统乡村治理中的绿色传统，不要另起炉灶建设一套新文化，要在遵循乡村文化生态体系及其发展变迁规律的基础上，沿着乡村文化谱系实现环保与发展的同步、传统与现代的融合。不顾乡村文化生态系统而简单复制城市文化或想当然地引入外来文化，往往会难以融入乡村原有文化系统而成为文化"孤岛"。《乡村振兴战略规划（2018—2022年)》提出要重塑乡村文化生态。乡村绿色发展不仅表现为"鹰击长空""鱼翔浅底"的优美自然环境，特色院落、村落、田园风光相得益彰，更表现在乡村所具有的绿色文化体系。[2]因此，要紧密结合特色小镇、美丽乡村建设，深入挖掘乡村特色文化符号，盘活地方和民族特色文化资源，走特色化、差异化发展之路。以形神兼备为导向，保护乡村原有建筑风格和村落格局，把民族民间文化元素融入乡村建设，深挖历史古韵，弘扬人文之美，重塑诗意闲适的人文环境和田绿草青的居住环境，重现原生田园风光和原本乡情乡愁。引导企业家、文化工作者、退休人员、文化志愿者等投身乡村文化建设，丰富农村文化业态。

### （一）深入挖掘乡村传统文化中绿色发展典故

在几千年的历史发展过程中，我国乡村形成了特定的社会结构、文化习俗、思想传统。千百年来，农事活动、熟人交往、节日庆典、民俗习惯、地方经验、村落舆论、村规民约等，都是维系村落价值取向和有序运行的重要载体，它们以潜移默化的形式不断强化乡民的行为规范，并内化为乡民的道德准则，成为乡村治理乃至乡村振兴的重要文化依托。中华民族依附于自然发展，顺应自然规律开展劳作，形成了独特的农耕文明，蕴含着深厚的绿色生产生活智慧，积淀着深厚的绿色文化传统。在探索新时代乡村绿色发展道路中，应坚持继承与发展相统一，传承乡村绿色传统，推动绿色传统创造性转化、创新性发展。

在乡村生活中，人们使用共同的资源，维护共同的环境和秩序，逐渐形成共同的信仰和行为规范，也就有了"德业相劝，过失相规，礼俗相交，患难相恤"的乡村治理文化。实际上，诞生于乡村的传统文化中有很多注重生态环境的理念、典故、习俗等。例如，关于农业生产，就有"不违农时，谷不可胜食也；数罟不入洿池，鱼鳖不可胜食也；斧斤以时入山林，材木不可胜用也"的说法；还有"草木荣华滋硕之时，则斧斤不入山林，不夭其生，不绝其长也"的朴素绿色发展思想。要充分挖掘乡村绿色传统，厚植绿色文化，培育农民绿色发展意识，提高农民生态道德观念，形成绿色乡风、淳朴民风、文明家风。

### （二）要创新绿色传统文化的表现形式

乡村绿色传统文化为乡村绿色发展转型提供了生态智慧，要利用现代化的表现形式，结合乡村发展实际情况，将时代元素和现代多元文化表现形式融入传统文化中，通过内容和形式的创新，使乡村传统文化中绿色生态智慧以更加多元的形式呈现给广大农民群众，使乡村发展与绿色传统有机相融，更好地传播乡村绿色发展理念，推动传统生态智慧在乡村新发展阶段的作用。新时代乡村绿色发展理念的传播，既要善于从乡村传统中挖掘、汲取生态智慧，也要与时俱进，融入现代发展理念，把绿色文化浸润到农民内心，激发农民的内生动力。需要强调的是，乡村绿色传统文化为乡村绿色发展提供了生态文明建设的资源，但并非说可以简单复制传统乡村的生态文明，而是要通过一系列制度与方法创新，使传统乡村的生态文明智慧在新的历史阶段发扬光大。

# 二、培育乡村绿色文化和环保新风

绿色文明乡风是乡村绿色发展的重要保障，推进乡村绿色发展建设须以乡村优秀绿色传统文化为引擎，完善乡村文化设施建设、夯实理念宣传阵地、丰富乡村文化活动、完善村规民约，积极开展绿色文明乡风建设，为乡村绿色发展宣传打下坚实的思想文化基础，营造良好氛围。《国务院关于深入开展爱国卫生运动的意见》（国发〔2020〕15号）强调"继承和发扬爱国卫生运动优良传统，充分发挥爱国卫生运动的制度优势、组织优势、文化优势和群众优势""全面改善人居环境，加快形成文明建康、绿化环保的生活方式"[3]。这启示我们，在乡村绿色发展中，要提高村民环保意识，培育乡村绿色环保的新风气。

## （一）以人居环境整治为契机制定绿色公约

《农村人居环境整治三年行动方案》提出："将农村环境卫生、古树名木保护等要求纳入村规民约，通过群众评议等方式褒扬乡村新风，鼓励成立农村环保合作社，深化农民自我教育、自我管理。明确农民维护公共环境责任，庭院内部、房前屋后环境整治由农户自己负责……提高农村文明健康意识……营造和谐、文明的社会新风尚，使优美的生活环境、文明的生活方式成为农民内在自觉要求。"[4] 因此，在具体人居环境整治工作中，引导村民主动参与垃圾分类和治理活动，不随手扔垃圾，保护环境卫生。同时，引导村民聚焦村容村貌提升，广泛积极参与制定村规民约，建立经济发展要可持续、生态环境要保护、生产生活废物要利用、厕所河道要干净、田头地角要洁净等绿色公约内容，以村规民约的形式，增强农民参与绿色村庄治理的自觉性。借助乡村绿色公约的引导与规范作用，开展一系列"增绿、创绿、爱绿、护绿"活动，多措并举，上下联动，激活内生动力，确保农民人人发力参与绿色村庄建设，营造绿色生产生活的良好氛围。

## （二）树良好家风，育绿色新风

深入推进乡村移风易俗，普及文明健康绿色生活理念，引导农民积极参与乡村绿色建设，重塑乡村优质舒适、宜居宜业的生态环境和人文环境，改变民风村貌，以绿色文明乡风涵养绿色村庄，推动村庄由一时美向持久美转变。通过评选绿色农户、绿色治理突出人物以及乡村生态道德学习实践标兵，强化典型示范带动作用，利用榜样效应转变农民旧思想、旧观念，引导农民坚持绿色生产、绿色生活，让绿色环保新风成为家家户户共同的价值追求，为乡村绿色治理营造社会新风尚，让绿色文明乡风的种子在群众心中生根、发芽，推动绿色生产生活成为广大农民群众的行动自觉，为加快推进生产生活绿色化、实现乡村绿色发展奠定良好基础。乡村绿色文明新风尚，既要以村规家规"硬举措"破除陈规陋习，又要评选典型"软手段"浸润人心，充分发挥环保乡风、绿色民风凝聚人心和引导转型作用，为乡村绿色发展提供文化凝聚力和精神推动力。

## （三）充分发挥环保组织作用

社会组织作为现代社会的重要组成部分，是承担公共治理和公共服务的一支重要力量。环保类社会组织对于培育乡村绿色文化，树立乡村环保新风具有重要作用。可充分利用环保类社会组织，采用宣传画、环保科普讲座等形式，以通俗的语言、贴近生活的方式，宣传环境保护和可持续发展理念及知识，开展环保经验介绍和村民交流活动，提升村民的绿色发展理念，增强村民建设美丽乡村的自豪感和荣誉感。鼓励农民和村集体经济组织全程参与农村环境整治规划、建设、运营、管理。鼓励群众讲卫生、树新风、除陋习，摒弃乱扔、乱吐、乱贴等不文明行为。还要把培育文明健康生活方式作为培育和践行社会主义核心价值观、开展农村精神文明建设的重要内容，使乡村生态环境拥有恒久的生命力，持续走农村绿色发展之路。

## （四）借鉴先进乡村绿色发展经验

近些年，各地涌现出大量典型，它们很好地对当地生态文化传统进行了创造性转化，值得其他乡村借鉴。例如，湖北竹溪县的"优秀家风家训进万家"活动、山西运城盐湖区的德孝文化"五进"活动、河北馆陶县的特色小镇建设等，是对乡村绿色发展实践的重要贡献。如今，乡村仍然被不少业内专家誉为"生态文明密码的携带者"，其重要价值仍需深入研究和整理，从而为乡村振兴提供依据。挖掘传统乡村治理中的绿色文化传统，把丰富的德治资源放在乡村绿色发展的进程中发扬光大，有效助力乡村绿色发展。

## 三、传承发展乡村绿色文化

乡土文化是中华文化的本质，也是民族根脉之缘起。坚持对乡村地区优秀绿色生态相关传统文化进行传承与创新，既是乡村生态振兴的必然要求，也是着力赓续中华文脉、推动中华优秀传统文化创造性转化和创新性发展的必然选择。习近平总书记讲道："要让活态的乡土文化传下去""要把保护传承和开发利用结合起来，把我国农耕文明优秀遗产和现代文明要素结合起来，赋予新的时代内涵，让中华优秀传统文化生生不息，让我国历史悠久的农耕文明在新时代展现其魅力和风采。"[5] 这是习近平总书记对乡村文化传承与传统文化保护的厚望。不同乡村有不同的地域环境，也蕴含着不同的乡村绿色文化。乡村绿色发展不能脱离乡村实际，忽视乡村所蕴含的深厚的文化力量，要从各地地理条件和资源禀赋出发，充分尊重自然规律和乡村建设规律，从乡村故事、传统、习俗等构成的传统农耕文化中深入挖掘乡村传统文化资源，传统农耕文化中所蕴含的诸如注重人与自然和谐发展、追求俭约自守等绿色发展思想，传承发展这些乡村绿色文化，将乡村传统生态文化保护工作做细做强。同时，要深入挖掘乡村绿色文化的精髓。做好传统生态文化的当代传承工作，对新时代推进乡村绿色发展具有积极意义。传承发展传统生态文化要充分认识其内涵，将尊重历史、现代文明和自然山水三者相结合，为独具特色的乡村绿色文化注入新的活力，促进绿色乡村建设。

## 四、开展乡村绿色发展宣传教育

宣传工作是我党一项非常重要的工作，通过宣传能够引导群众拥有正确的价值取向。乡村践行绿色发展理念，探索绿色发展道路，宣传工作同样不可或缺。目前，我国在推进乡村绿色发展的宣传工作中，存在深度不足的问题，表现为宣传缺乏针对性和持续性，导致农民对此类活动的参与度和满意度较低，从而影响了宣传效果。乡村绿色发展的宣传，应致力于内容与形式的创新，实现协同推进，双管齐下，以激发农民的内在动力，汇聚农民力量，共同推动绿色转型。在传播信息时，应紧密聚焦绿色生产、生活与生态的"三生"主题进行推广，以培育资源节约与生态环境保护的观念。推进资源节约与污染治理、经济增长与环境保护的双轨并进，全面普及相关的法律规章、实践策略。在宣传手法上，应因材施教，采用丰富多样的方式，针对目标受众的年龄分布、教育背景等特征实施精准宣传，不搞脱离实际的盲目且无效的推广活动。

## （一）丰富宣传内容，提升宣传效果

### 1. 开展乡村生态环境现状及绿色发展理念相关教育

通过真实的数据及案例展现乡村发展存在的困境与障碍，使广大农民群众深切认识到乡村发展转型及生态环境优化的迫切性，以此激发农民的绿色理念与环保认知，增强其参与绿色变革的积极性，主动融入乡村绿色发展的实践之中。同时，宣传材料需紧密围绕农业生态系统的保护议题，展现与民众日常生活紧密相连的美好愿景，以激发公众的兴趣，使其不仅成为宣传内容的受众，更成为农村生态宣传的实际参与者。唯有当人们深刻理解绿色发展的理念后，才能真正践行绿色发展实践。因此，坚持乡村绿色发展必须加强乡村生态文化教育，需要把绿色发展思想融入村规民约、学生课堂、广大农民生活中，引导农民树立乡村绿色发展理念，正确认识资源环境与经济发展的关系，科学认识人与自然的关系，适度开发自然资源，保障乡村资源的可持续利用。

### 2. 要大力推进生态道德与法律教育

法律是道德的底线，倾向于"他律"，而道德更强调要加强"自律"。法律与道德相得益彰，对法律的认同和遵守基于公民在道德上的认可。只有通过法律与道德的互相配合与映衬，才能凸显新时代推进乡村绿色发展的重要性。因此，关于乡村绿色发展的教育离不开生态道德教育与相关法律教育。

（1）生态道德教育。生态道德是社会公德的重要内容，具有良好的生态道德意识，是现代社会衡量一个人全面素质的重要尺度，也是衡量一个国家和民族文明程度的重要标志。生态道德表明人类生存不仅要受到人与人之间相处的伦理评价，而且要受到人与自然相处的伦理评价。在乡村生态道德教育过程中应围绕生态平衡、珍惜资源、保护环境三个要素展开，以绿色农业、绿色乡村理论和概念为指导，向农民传递关于绿色种植和养殖模式、绿色生活方式的相关知识和理念。鼓励农民开展绿色养殖、绿色种植等生态农业实践，促使农民的生态意识发生转变，培育农民良好的生态道德。

（2）相关法律教育。法律法规的强制力是乡村走绿色发展道路、实现生态振兴的有力保障。维护生态环境离不开法律，近年来，我国先后颁布了《中华人民共和国环境保护法》《中华人民共和国森林法》《中华人民共和国草原法》《中华人民共和国土地管理法》《中华人民共和国野生动物保护法》等一系列法律法规，已经建立起比较完善的法律法规体系。保护环境法律法规的宣传活动，让公众了解生态方面的相关法规，有利于逐步规范公众的行为，使之自觉遵守生态行为规范，形成良好的社会风尚。通过宣传，逐步将环境保护、改善生态、合理利用与节约各种资源的意识和行动渗透到公众的日常生活之中，真正实现人与自然和谐共生。

立足于乡村新形势、新变化，通过环境法规与生态道德教育等进行示范性和引导性教育，将法律法规与村规民约相结合，指导和约束农民的行为，培育法治观念、提升法治素养，使其自觉养成绿色习惯，筑牢农民对乡村绿色发展的责任感和使命感，鼓励其积极参与环境管理与绿色转型。

## （二）更新宣传手段，采取多元化方式宣传

### 1. 多渠道宣传乡村绿色发展理念

当前，随着科学技术的飞速发展，我党宣传工作的途径发生了变化：以前，宣传更多是依靠报纸、电视、横幅及组织培训等进行；而今，随着互联网的发展，媒体类型更加多元化。因此，新时代有关乡村绿色发展的宣传工作应使用传统媒体和互联网相结合的方式。传统媒体具有可信性和权威性，更容易产生积极的影响和效果，具有不可替代性。可以借助快手、抖音等新媒体将绿色发展理念以短视频形式广泛宣传，吸引农民的关注。既要充分发

挥广播、电视等传统媒体的作用，又要充分利用新媒体进行到乡村绿色发展理念的传播，以新旧方式结合激发农民的共鸣，使农民共同参与乡村绿色发展，推进乡村绿色发展道路。

2. 多元化方式宣传绿色发展理念

立足乡村新形势、新变化，宣传工作应贴近广大农民生产生活实际，通过多种形式做好政策宣传、文化教育工作，定期开展乡村绿色发展活动，提高农民乡村绿色发展的意识与责任。更新老手段，根据当前农民生活条件将老手段新式化，将以往的纸质、喇叭宣传更新为图画、视频宣传，动态化进行知识宣传、舆论引导，以更好地提升宣传效果；学用新手段，善用多手段，拓宽绿色文化传播渠道，充分利用乡村文化站、权威专家和学者下乡科普、绘画彩喷、实地观光等形式，耳濡目染地影响农民的思想观念；通过利用环境节日的时间节点和节日氛围，组织开展形式多样的绿色文化宣传活动，引导农民转变过去以牺牲环境换取经济利益的落后观念，实现多元化宣传方式并举，为乡村绿色发展的宣传蓄积外在动力、营造良好环境和舆论氛围，提升绿色发展理念的宣传效果，保证宣传覆盖面逐步扩大。

## 经典案例：

### 浙江下姜村：绿色发展引领乡风文明 谱写"绿富美"蝶变新韵

下姜村处于当地西南山区，路远地偏，曾是远近闻名的贫困村。多年来，当地在以绿色发展为牵引谋新求变的同时，积极构建乡风文明生态，将流传六百余年的村规民约不断赋予新时代内涵，把环保、文化传承等文明理念活化融入村民文化生活中，形成良好家风、淳朴民风、文明乡风，处处洋溢着新乡土文化的时代气息。2019年，下姜村农村经济总收入8256万元，实现农民人均可支配收入42240元，远高于浙江省平均水平，还获评全国首批乡村旅游重点村，谱写出从"脏乱差"向"绿富美"蝶变的文明新韵。

一、村规民约与时俱进，构建乡风文明生态

家规家训、村规民约，是促进乡风文明建设、规范村民日常行为的重要抓手。早在六百余年前，下姜村就有《姜氏家规十六条》《姜氏太公家教》《杨氏家规二十条》《伊氏家规十条》等家训家规，对平时生活、乡风民俗都有明确规定，包含忠孝仁义等诸多方面。翻开《姜氏宗谱》第2本第50页，

"敬祖宗，孝父母，友兄弟，教子孙，睦家族"等"48字祖训"，成为几代下姜村人共同铭记与恪守的精神纽带。

近年来，下姜村将优良的传统美德与社会主义核心价值观相融合，将"48字祖训"等几代老家训家规剖析传承、取其精华、归纳总结出"老一辈记得住、年轻人能接受"的新版村规民约。以文明的内涵凝聚村民共识、提升自豪感，构建出乡风文明推广传承的良好生态。

"遵纪守法，发现违规违法行为应该及时制止""诚实守信，明码标价，不欺客不宰客"……如今的下姜村，村规民约被简化为10条简单易懂、容易诵读的约定，内容涵盖村风民俗、环境卫生、和谐邻里、社会治安等多方面。"文明有礼，见面主动问好""孝敬老人，赡养费不得低于全村平均水平"等多条内容，更是直接传承于"48字祖训"，又与时俱进地扩充了符合新时代的具体要求。

为了让村规民约更"接地气"，既能符合农村的整体文化水平又能"入眼、入脑、入心"，当地还通过图文并茂的"漫画体"形式把10条村规民约画上了墙，不少返乡创业的年轻人都觉得"时尚、好看又好记"。此外，下姜村的党员和村民代表带头签订守约承诺，村里还配套制定出台了《下姜村党员守则》，明确党员干部要"带头执行《村规民约》，不违反规章制度"，引导党员干部和群众树立良好的乡风意识。

在深入推广乡风文明建设中，下姜村巧将宣讲活动融入村民日常生活、生产场景。譬如，该村建设了法治广场，将优秀文化精神和农村常见陋习案例在广场中予以展现；设立法治移动书屋，免费向村民随时随地提供普法知识。针对这几年越开越多的民宿、农家乐群体，当地还不定期组织经营业主围绕经营过程中常见的矛盾纠纷进行针对性强、实用性强的专题普法培训，通过提高老百姓的法治意识，全方位提升乡风文明建设。

二、"脏乱差"到"绿富美"，绿色环保成为乡风文明共识

由于交通不便，人均耕地少，下姜村在20世纪八九十年代还是个"穷山沟"，一句"土墙房、半年粮，有女不嫁下姜郎"的民谣是这个村的真实写照。村民迫于生计，家家户户养猪，村里露天厕所、猪圈遍布，污水横流，臭气熏天。烧炭也是当时村民的一大经济来源，村里的老人回忆说，那时候下姜村有40多个木炭窑，几年间山上的树就被砍得所剩无几，四周群山露出"癞痢头"一样的片片黄土。

新世纪以来，绿色发展的理念深入人心，对绿水青山的追求逐渐融入下姜村村民的生活。2003年村里沼气项目的建设和使用，成为当地生态环境改善的突破口。村民姜祖海家里有着全村第一个沼气池，猪圈与沼气池相连，厨房和卫生间配套改造，既解决了脏水去处，又提供了照明、做饭的能源，无需再砍柴烧火。村民们算了笔账，"一个沼气池每年省500多度电，相当于一年少砍林地3.5亩，少排污水140吨。"

从此，村"两委"对近万亩山林实施封山育林，村里建起了公共厕所，用上了自来水，建起了垃圾处理站和污水管，85%的农户装上了太阳能热水器，环境卫生得到根本好转。2011年，各家零散饲养的猪搬入了村外的"集体宿舍"进行规模化饲养。下姜村还发布新的村规民约，"公益林严禁砍伐，承包林须经村'两委'同意才能砍伐"，全村村民无一反对。

以绿色发展理念为引领，下姜村先后编制了《村庄整治规划》《农业产业规划》，完成了河道清淤、污水处理等项目。村里先后开了30余家民宿，带着城里游客到五狼坞登山赏花，到竹林挖笋、采野菜，这些村民们习以为常的日常生活行为成了致富宝藏。2019年，下姜村入选首批全国乡村旅游重点村，依托生态环境资源，持续打造"深绿产业"。

如今的下姜村，生态环保观念融入民风、乡风，绿色发展成为村民的共识。许多返乡创业的村里人提出投资项目时，村里没有提收益要求，只强调"不影响自然风貌""不污染水体"等生态底线，大多数基础设施也都做到了就地取材、因地制宜，用乡野风情展示着下姜村的生态自信。村民们说，很多公益组织来下姜村开展捡拾垃圾等环保公益活动时，常常是转了一圈"一无所获"，都赞叹下姜村比城里还干净。

三、传承文化底蕴，激发乡村活力

有着近千年村庄历史的下姜村，古名"雅墅峡涧"，文化底蕴厚重。当地在乡风文明建设中，注重把农耕文化优秀遗产和现代文明要素结合起来，赋予新的时代内涵，推动乡村文化底蕴的挖掘、传承。下姜村从2012年开始修村志，将下姜村建村以来的风云事迹、历史名人收录其中，挖掘梳理八月初三、伊家十三锣等特色民俗活动以及多年流传的传统手艺。特别是对本村的历史名人，将他们的事迹整理完善，提炼蕴含的人生道理和崇高品德在村庄文化长廊中展出，为子孙后代留下精神遗产。

近年来，山明水秀的下姜村，借力乡村旅游，积极兴办文创产业。一批下姜村的传统手艺人，在村集体的帮助下开设了篾匠铺、剪纸坊、打铁铺、石头画等传统技艺文化作坊。这些结合"老手艺"和"新文化"的文创产品，既"活化"了本村村民的乡土记忆，也让广大游客生动感受到下姜村的文化魅力。

为让文化传承与乡村生活相融合，下姜村通过奖励机制激励美德传承。当地设立了"红黑榜"，按季度开展评比，内容包括美丽庭院、好人好事、家风建设、学子求学等乡风文明的各个方面。让评委们"头疼"的是，每年下姜村春节联欢晚会上选出的年度"好婆婆""好媳妇""十佳孝子"等称号，因为每户家庭都有好人好事，感人事迹层出不穷、难以取舍。坚持对良好品德给予奖励，激励了传统美德在下姜村深入人心、代代相传。

环境美了，乡风更文明了，村民们的文化需求也日益蓬勃。为保障村民日常文娱活动场所，下姜村狠抓公共文化基建，目前建有文娱广场两处、文化礼堂一座、农民下姜书房两座、露天舞台一座。其中，下姜书房建筑面积近100平方米，内藏7000余册书，并且每隔一个季度就和周边村庄书房进行书籍联动交换，让村民们的知识、眼界和前沿文化"同频共振"。

围绕村里留守妇女多的特点，下姜村2012年就成立了舞蹈队，对文艺感兴趣的村民队伍越来越庞大，村里排演的大型水上舞台剧，全村有点舞蹈功底的村民几乎"全员上台"。村里还特聘一名文化员，负责舞台和文娱广场的日常运行，给村里的广场舞队提供"保姆式"后勤保障。

据介绍，下姜村每年保证大型传统文化活动不少于五场。大年三十，下姜村在村庄大舞台举办的春节联欢晚会是真正的农民晚会，从主持到节目统统由村民自发报名组织，实现"百姓相容，乐在一起"。每到九九重阳老人节，下姜村会将村里的老寿星聚在一起庆祝节日，许多村民会在家里烧上半荤一汤，向老寿星们献上孝心。此外，下姜文化旅游节、下姜村八月初三丰收节等节庆活动也都成为下姜村远近闻名的文化"金名片"。

（来源：中华人民共和国农业农村部网站，2020-09-18）

# 参考文献

[1]　中央城镇化工作会议举行 习近平、李克强作重要讲话[EB/OL].（2013-12-16）[2024-10-22]. https://www.gov.cn/guowuyuan/2013-12/14/content_

2590429.htm.

［2］ 中共中央 国务院印发《乡村振兴战略规划（2018—2022 年）》［EB/OL］.（2018-09-26）［2024-10-22］. https://www.gov.cn/zhengce/2018-09/26/content_5325534.htm.

［3］ 国务院关于深入开展爱国卫生运动的意见［EB/OL］.（2020-11-27）［2024-10-22］.https://www.gov.cn/zhengce/content/2020-11/27/content_5565387.htm.

［4］ 中共中央办公厅 国务院办公厅印发《农村人居环境整治三年行动方案》［EB/OL］.（2018-02-05）［2024-10-22］. https://www.gov.cn/zhengce/2018-02/05/content_5264056.htm.

［5］ 习近平.习近平著作选读:第2卷［M］.北京:人民出版社,2023.

# 第十一章 完善乡村绿色发展的体制机制

习近平总书记指出："只有实行最严格的制度、最严密的法治，才能为生态文明建设提供可靠保障。"[1] 因此，推动乡村绿色发展，必须加强顶层设计，通过法律和体制机制，引导村民绿色生产生活。

## 一、健全乡村绿色发展的法律制度

新时代乡村绿色发展道路是理念、制度、行为三者的有机统一。绿色发展观是乡村生态振兴的前提，绿色发展的相关制度是乡村生态振兴的实践，绿色的生活方式和行为是乡村生态振兴的社会化过程，三者共同构成了乡村绿色发展的基本框架。制度是理念和行为的中介，是理念转化为行为的桥梁，因此，乡村绿色发展相关制度的构建与完善，决定着绿色发展理念能否在社会生活中得到实践。法律法规是乡村绿色发展的有力保障，因此，应将乡村绿色发展的相关政策、措施上升到法律层面，并结合乡村实际，通过完善相关法律法规来促进乡村进行绿色生产、绿色消费等。

### （一）完善乡村绿色发展的法律体系

推进乡村绿色发展的过程中，法律制度的构建与执行至关重要。在生态环境保护领域，我国出台了《中华人民共和国环境保护法》《中华人民共和国水污染防治法》《中华人民共和国大气污染防治法》等法律法规，旨在有效维护及改善国家生态环境。在这些法律法规的保障下，我国在环境保护与生态修复方面了已取得显著进展。然而，现有大部分已制定或修改的法律中没有体现出绿色发展理念，相关内容还有待进一步完善。

首先，绿色发展是乡村生态振兴的基石，践行绿色发展理念走乡村绿色发展道路离不开法律法规的引导、规范和保障。当前可以通过修订法律法规把绿色发展的价值理念纳入法律法规中，比如《中华人民共和国农业法》中融入绿色循环发展思想。2021年，《国务院关于加快建立健全绿色低碳循环发展经济体系的指导意见》中明确指出，严格保护生态环境，统筹推进高质量发展和高水平保护[2]。因此，完善乡村生态法治建设，要彻底改变以往重实体立法轻程序立法、重城市轻农村的做法[3]。其次，在乡村振兴战略背景下，民生建设工作的推进成为重中之重，遵循生态发展规律，将民生福祉与绿色生态融入法律体系框架结构中，是新时期法治建设的一大亮点。以江苏省为例，其坚持以人为本、绿色低碳理念，基于乡村建设现状，颁布《关于加快推进农业绿色发展的实施意见》《江苏省美丽乡村建设示范指导标准》等[4]，以此推动了乡村绿色生态可持续健康发展，同时，为乡村迈向高质量发展奠定了坚实基础。再次，绿色乡村、民生建设离不开金融政策的支持，法律为金融政策的推进提供支撑。因此，我国需要运用法治思维和法治方法将政策和法治相结合，开拓绿色生态效益的新模式。最后，加强立法工作，从改善居住和生态环境、发展乡村绿色产业、保证绿色农产品供给等多方面做好法律的顶层设计，构建全方位的乡村绿色发展法律体系。相关部门要及时修改并补充已有乡村法律与执法过程中出现的法律滞后、法律漏洞，促进乡村法律体系的更新完善。

## （二）健全绿色发展的法律制度

在新时代生态文明建设背景下，健全的法律制度是推进乡村绿色发展的重要保障，以生态监管和公众参与制度为例。生态监管制度对于绿色乡村发展的推进，其有效实施路径主要有以下两方面。第一，生产者和污染源是生态监管的主要任务。因此，需要明确绿色生态监管的对象，即那些可能因破坏生态环境而负担相关法律责任的主体，尤其在乡村视野下，这些主体可能涉及从事重工业、农业等产业的生产者。为了实现绿色乡村法治愿景，应着重强化对潜在污染行业进行定期环境监测，并实施精细化管理。第二，生态监管需要利用一定的手段，以行政手段为主，其基本思路是"事前许可+事中、事后监察"[5]。这一举措主要针对未达到生态合格标准的重污染工厂和企业设置，通过生态监察发现其违法、违规行为，处以罚款、吊销营业执照等，从而实现绿色乡村建设步入制度化及规范化的轨道。

公众参与制度在绿色乡村的建设中扮演着重要角色。生态改善和民生福祉的提升能显著增强公众对绿色生态重要性的认知，进而激发其主动投身绿色乡村建设工作。首先，绿色生态法治建设的成效有赖于公众的环保责任意识的增强和国家积极推进的普法工作。其次，政府是引导公众参与绿色生态治理的关键。为有效提升乡村生态治理效能，政府应广泛拓宽公众参与途径，悉心聆听民众心声，鼓励大众深度参与绿色发展的法律与政策制定过程，确保乡村绿色生态法治建设能充分反映民众的真实意愿与需求。最后，对公众采取一定的激励机制也是实现乡村绿色发展理念的又一有效途径。政府可通过实施经济利益补偿方案，对公众参与绿色乡村发展贡献予以认可，激发公众投身于绿色乡村生态环境治理的热情。同时，绿色乡村的建设成果也离不开企业与社会组织的积极参与，政府可给予资金、政策支持，将生态福祉能广泛惠及民众生活。

## （三）优化政府生态执法方式

法律的生命力在于执行，要使乡村绿色发展的理念真正得以贯彻，必须依托法律的有效实施。在执法中，需清晰界定农村执法指导方案与执行细则。确立具体实施规则将使法律体系更为具体化和更具操作性。增强法律监督与管理，提升执法力度。一方面，需清晰界定各机构责任，确保农村执法部门及其层级的执法权限明确，同时，应合理精简执法流程；另一方面，应强化对执法团队的监管，将监督执法活动，特别是关于推动乡村绿色发展、维护乡村生态系统的法律执行情况，纳入常态化的机制中，在整个法律监督过程中，必须确保有法可依，执法严格，违法必究。此外，确保农村执法领域的资金支持。提升乡村执法财政投入规模，确保乡村立法与执法活动的顺利开展。

多元化执法方式是防治乡村污染，打造绿色乡村的一大创新点。环境执法主要包括联动执法及综合执法两种模式。绿色乡村发展重点须从宏观联动执法上看，是不同行政区政府之间对共同的或互相影响的环境问题进行的联动执法[6]。如今，绿色乡村建设会面临新形势、出现新矛盾，政府在生态执法体制上也需要不断优化升级。在综合执法上，政府还需要综合考虑各种因素和条件，运用经济、法律、行政等诸多方面的措施，实现公正执法。[7]在乡村振兴背景下，生态环境的优化是提升乡村居民生活质量的先决条件。乡村生态环境治理涉及面广泛且问题领域复杂烦琐，绿色乡村建设可以先立足于出现生态损害责任的情形。再造流程是政府行政执法的新方式，其首要环节是通过优化调查程序解决生态损害问题，政府在调查过程中发现生态环境损害需要修复或赔偿，便可启动磋商程序。若当前程序未能达到预期效果，政府也可以采用其他形式，包括迅速实施行政干预、启动民事诉讼程序等追究生态损害者的法律责任。

## 二、建立健全乡村环境保护事前预防机制

凡事预则立，不预则废。2018年5月，在全国生态环境保护大会上，习近平总书记强调，要把生态环境风险纳入常态化管理，系统构建全过程、多层级生态环境风险防范体系。这表明，生态安全作为国家安全的重要内容之一，重在预防，要防范一切可能发生的生态危机，将关口前移，以尽可能减少生态损失。健全源头预防、过程控制、损害赔偿、责任追究的生态环境保护体系。

首先，从生态环境角度来看，应强化地方政府的责任与担当。保护生态安全，功在当代、利在千秋，对于经济社会的发展极为重要，但由于短期看不到成效，地方政府容易缺乏足够的动力，甚至形成推诿、拖延、敷衍的态度。可制定生态保护长期目标，按照中短期规划层层分解、推动落实，形成可延续、可操作的长远战略部署；同时，将生态安全保护纳入地方考核，建立评估体系和激励机制，由生态环境部负责监督。地方政府须认识到，国家生态安全关乎中华民族永续发展，为此，应树立大局观、长远观、整体观，学会算大账、算长远账、算综合账，以"功成不必在我"的境界和"功成必定有我"的责任担当，把生态安全放在全局工作的突出地位上，做好规划与评估，努力实现经济发展和生态保护协同共进、人与自然和谐共生。

其次，从农业绿色生产角度来看，应建立健全农业资源和农村环境监测预警机制。2017年，农业部出台的《关于创新体制机制推进农业绿色发展的意见》说明，长期以来，我国农业资源环境生态系统数据基础薄弱，评估测算体系不健全，农业资源和生态环境的价值难以体现并得到有效保护，并明确提出了建立农业资源环境生态监测预警体系，构建充分体现资源稀缺和损

耗程度的生产成本核算机制，建设天空地数字农业管理系统。[8] 构建这套数字农业管理系统不仅能有效释放市场机制的效能，为农业绿色发展设定价格标准，促进绿色产业的成长与绿色经济的繁荣，而且能够强化资源环境考核评价，确保各级政府及相关部门履行绿色发展责任，为农业绿色发展提供坚实的基础支撑，还有助于把产品消费的后续处置责任移到事前的生产阶段，激励生产者进行绿色生产。此外，应加快出台绿色农业标准体系，包括农业模式、生产技术、农产品、环境要素等具体内容，规范农业绿色生产。开展规范化、常态化、制度化的监测预警，将监测评价结果纳入地方政府绩效考核内容。明确并落实县乡两级农村环境保护主体责任，推动环境执法向乡村延伸，坚决制止城市工业污染向农村转移，遏制农村环境污染恶化。[9]

最后，从农产品食品安全的视角出发，构建与完善农业投入品的电子追溯体系尤为重要。构建农业投入品电子追溯体系，加速农产品质量追溯网络建设，依托科技手段，形成贯穿种植、养殖、运输、储存、加工等全过程的农产品质量监管闭环，加强认证机构的监督与认证流程管理，确保实现从农田到餐桌的全程追溯，从而守护公众的食品安全。

# 三、健全乡村绿色发展相关补偿机制

以绿色发展引领乡村振兴要构建生态补偿机制。实施乡村振兴战略，必须坚持走生态环境保护与经济社会发展共赢的绿色发展之路。生态补偿机制是将绿水青山转化为金山银山、实现生态产品价值的重要途径，是促进绿色发展和均衡发展的政策工具，要以绿色发展引领乡村振兴构建生态补偿机制。建立乡村绿色发展补偿机制要做到以下三点。

第一，建立生态环境保护补偿标准体系。生态补偿机制的设计是一项系统性工程，其内容涵盖了国家生态建设的战略目标、生态资源的所有权归属、各地的经济活动水平以及区域间的生态品质差异等多重维度。在建立这一机制时，应基于地方农业发展的具体情境，全面考量社会、经济、生态环境等多方面因素，综合运用生态会计学、机会成本分析、生态效益评估等多元方法，以确保生态补偿标准的合理性和科学性，从而为不同区域的生态补偿活动提供明确的准则和依据。鉴于我国幅员辽阔且区域发展不均衡，生态标准的设定应以地域为基础，实施差异化策略，各区域依据具体情况采纳相应标准。补偿准则应以农业生态服务价值为指导，在同一地理区域内亦可基于经济发展水平的阶梯性差异，设定差异化的补偿层级。需对补偿主体实施分层，优先补偿国家支持的循环农业、有机农业工程与农业产业优化与布局调整的计划，对于存在重大生态安全威胁的项目亦应优先补偿，以期迅速去除潜在风险。针对生态脆弱的乡村、自然保护区的乡村以及承担重要生态功能的乡村，如西北地区、内蒙古地区等，迫切需要构建一套生态环境保护补偿的标准体系，以促进生态功能的恢复，并设立生态环境保护的专项基金，同时建立健全生态补偿资金的投入机制，以改善乡村地区的生态环境。这些特定区域不仅应优先享受生态补偿政策，而且在补偿的基准和强度上应适当提升，旨在加速关键生态功能区生态功能的恢复进程。此外，生态补偿还应坚持以人为本的原则，最大限度地听取农民的各种诉求，使生态补偿标准的制定更加灵活、科学和务实。

第二，扩大补偿范围和加大补偿力度。1998年修订的《中华人民共和国森林法》提出："国家设立森林生态效益补偿基金，用于提供生态效益的防护林和特种用途林的森林资源、林木的营造、抚育、保护和管理。"为保证退耕还林工作顺利推进，国务院于2002年出台了《退耕还林条例》，对退耕还林的资金和粮食补助等作了明确规定。随后，我国出台了《中华人民共和国水污染防治法》，首次以法律的形式，对水环境生态保护补偿机制作出明确规定。《中华人民共和国水土保持法》将水土保持生态效益补偿纳入国家建立的生态效益补偿制度。各地在推进生态补偿试点中，也相继出台了流域、自然保护区、矿产资源开发生态补偿等方面的政策性文件。[10]经过不懈的努力，我国生态补偿力度不断提高，补偿范围持续扩大，2013—2023年，重点生态功能区转移支付资金，从423亿元增加到1091亿元，累计投入7900亿元。还有水污染防治资金，从2015年的130亿元增加到2023年的257亿元，基本翻了一番。[11]2024年4月李强总理签署的《生态保护补偿条例》在当年6月已实施，该条例明确了实施生态环境补偿的基本原则、主要领域、补偿办法，确定了相关利益主体间的权利义务和保障措施，并以此为依据，进一步细化了流域、森林、草原、湿地、矿产资源等各领域的实施细则。经过多年的努力，我国已经基本建成世界上覆盖范围最广、受益人口最多、投入力度最大的生态保护补偿机制，对于生态环境的保护起到了积极推动和引导作用。但践行绿色发展理念，推动乡村绿色发展，不能仅停留在生态方面，而且应探索将乡村绿色补偿范围扩大到生产、生活等领域，对于绿色农业、绿色农民、绿色产业以及绿色乡村给予相应的补偿等，对于绿色发展主体进行更大的激励，促进乡村产业发展和村民生产生活达到绿色发展要求。

第三，采用多元化生态补偿机制。在乡村绿色发展的实践中，农业生态补偿方式主要是经济补偿。例如，直接支付补偿金、进行转移支付、减免指定项目税款等形式，补偿方式单一，难以完全满足农村和农业对绿色发展、生态发展的要求。补偿方式应根据乡村自身发展的具体特点，除对乡村发展进行资金补偿外，还可通过多种方式对乡村进行政策补偿、技术补偿和物资补偿等，运用税收、财政补贴等政策工具进行协调，探索赎买、租赁、置换等方式，构建政府与市场相结合的多形式乡村生态补偿机制。尽管直接的资金补贴能够让农民获得利益，但从长远可持续发展的角度来看，技术补偿和培训补偿能够带来"授人以渔"的效果。此外，完善补偿监管制度、补偿考评制度等乡村绿色发展生态补偿制度的配套制度建设。完善乡村绿色融资机制。发挥财政的杠杆作用，以政府为主体，推进乡村绿色发展财政补贴，引导市场主体按照绿色标准进行生产经营，为村镇企业和农民提供便捷的金融服务，使各市场主体从乡村绿色发展中获益。建立农业扶持专项金融基金，将"三农"存款按照比例专项扶持"三农"发展。

## 四、完善乡村绿色发展考核监管机制

推进乡村绿色发展必须完善考核监管机制，为乡村的发展提供有力保障。

一是健全乡村考核机制。主要包括健全乡村考评机制和干部政绩考核机制。首先，完善乡村评估体系，依据乡村特点实施多元评估体系，采用有针对性的评估手段、评估准则等，避免采取"一刀切"策略，将乡村生态环境品质、绿色成效融入乡村评估体系内。其次，优化干部政绩评估体系，需清晰界定各参与方的职务与任务，设定详尽的评价准则、指标与规程，并引入绿色指标以评估人员的可持续发展成就。最后，地方政府应强化对破坏生态环境行为的监管力度，实施"污染者受罚、合规者获益"的政策，并将环境监测与评估结果整合进地方政府的绩效评估体系，以此推动形成全面、系统的生态环境污染治理机制。确保将绿色评估全链条嵌入乡村绿色发展中，保障发展进程与政策实施成效的科学性与实效性。

二是完善乡村绿色发展监管机制。一方面，明确监管职能边界。明确各部门职能，设置问责主体和问责流程，明确落实县乡两级监管主体责任，推动环保执法向乡村延伸，防止出现管理上的叠加和空缺，确保监管到位，提高监管质量和效率；落实乡村全体人员的环保责任，使村民在制度规范下绿色生产生活。另一方面，建立统一的标准体系。统一的标准体系便于相关部门根据法定程序进行生态追责。生态环境破坏行为比较特殊，有时会出现因时间久远、跨地区影响而无法判定责任的情况，在这种情况下，统一的标准体系显得非常必要。

# 参考文献

[1] 习近平.习近平谈治国理政:第1卷[M].北京:外文出版社,2018.

[2] 国务院关于加快建立健全绿色低碳循环发展经济体系的指导意见[EB/OL].(2021-02-22)[2024-10-23].https://www.gov.cn/zhengce/zhengceku/2021-02/22/content_5588274.htm.

[3] 李嵩誉.生态优先理念下的环境法治体系完善[J].中州学刊,2017(4):62-65.

[4] 邓华艳,李振全,马思聪.江苏省绿色乡村建设现状与适宜技术[J].江苏农业科学,2021,49(9):14-18.

[5] 赵旭光,李红枫.从法治视角探究生态环境监管体制改革[J].中国特色社会主义研究,2018(4):91-96.

[6] 韩鹏宇.环境执法生态化,生态文明建设的执法机制创新[J].科技视界,2019(6):138-140.

[7] 车璟姝,刘芃.乡村振兴背景下乡村绿色生态法治保障研究[J].智慧农业导刊,2023(20):27-32.

[8] 中共中央办公厅 国务院办公厅印发《关于创新体制机制推进农业绿色发展的意见》[EB/OL].(2017-09-30)[2024-10-23].https://www.gov.cn/zhengce/202203/content_3635278.htm.

[9] 杨世伟.绿色发展引领乡村振兴:内在意蕴、逻辑机理与实现路径[J].华

东理工大学学报(社会科学版),2020,35(4):125-135.

[10]　郭东兴,王胜利.我国生态补偿实践中存在的主要问题及应对策略[J].青春岁月,2011(22):232.

[11]财政部:十年间重点生态功能区转移支付累计投入7900亿元[EB/OL].(2024-05-17)[2024-10-23].https://www.chinanews.com.cn/gn/2024/05/17/10218679.shtml.